특허 아이디어
사용설명서

특허 아이디어 사용설명서

초판 1쇄 인쇄일 | 2015년 5월 12일   초판 1쇄 발행일 | 2015년 5월 20일

지은이 | 강민석
펴낸이 | 강창용
기획편집 | 신선숙
디 자 인 | 가혜순
책임영업 | 최강규
책임관리 | 김나원

펴낸곳 | 느낌이있는책
출판등록 | 1998년 5월 16일 제 10-1588
주 소 | 경기도 파주시 교하읍 파주출판문화산업단지 문발로 115 세종 107호
전 화 | (代)031-943-5931
팩 스 | 031-943-5962
홈페이지 | http://feelbooks.co.kr
이메일 | mail@feelbooks.co.kr

ISBN 978-89-97336-91-3   03320

* 잘못된 책은 구입처에서 교환해 드립니다.

이 도서의 국립중앙도서관 출판예정도서목록(CIP)은 서지정보유통
지원시스템 홈페이지(http://seoji.nl.go.kr)와 국가자료공동목록시스
템(http://www.nl.go.kr/kolisnet)에서 이용하실 수 있습니다.
(CIP제어번호: CIP2015013127)

특허필드전문가의 특허 사용 권장기

특허 아이디어 사용설명서

강민석 지음

느낌있는책

차례

제1부
특허를 이용하라고?

제2부

특허로 부수입 올리기

나는 집안일에 뛰어든 지 10년이 조금 넘은 아빠다.

집에서는 희생정신에 불타올라 집안 살림( 이라고 쓰고 가사 노동이라고 읽음)을 위해 노력과 봉사를 다한다. 이렇게 10년 넘게 해 보니 엄마의 마음을 좀 알 것 같다. 집안일에 어떤 어려움이 있고 효율적으로 하려면 어떻게 해야 하는지 감이 좀 잡혔다.

그럼, 우리 마눌님은? 내가 사랑하고 사모해 마지않는 나의 마눌님은 집에서 남편 부려먹는 축복받은 여사님일 것 같지만, 절대 아니다. 착하고 책임감 강한 대한민국의 바람직한 엄마들 중한 사람이다. 다만, 나보다 야근을 많이 해서 집안일을 내가 좀 더 하는 것뿐이다. 정작 본인은 집안일에 더 많이 기여하지 못한 현실을 매우 안타까워한다고, 나는 강력히 추정한다. 부인~ 책에 당신에 대한 칭찬, 여기 분명히 써 드렸소!)

나는 특허 일에 뛰어든 지 10년이 조금 넘었다.

10년 넘게 하다 보니 특허에 대한 감이 잡혔다. 특허 조사는 어떻게 하고, 특허 분석은 어떻게 하며, 그래서 기업이 특허에서 부를 창출하려면 어떻게 해야 하는지 좀 안다.

뭔가 대단한 것 같은가? 10년쯤 하면 누구나 그렇게 된다. 그 유명한 말콤 글래드웰의 〈아웃라이어〉에 보면 1만 시간의 법칙 이 나온다. 뛰어난 성과를 낸 사람들은 그 분야에서 대략 10년 정 도의 연습 기간이 있었고 이를 시간으로 환산해 보면 1만 시간쯤 된다는 것이다. (10년간 매일 3시간 정도 연습하면 1만 시간이라고 한다. 궁 금하면 함 계산해 보시든지) 나도 10년쯤 해보니 특허에 대한 풍월을 읊 을 정도가 되었다.

집안일 10년 + 특허일 10년 = 엄마를 위한 특허에 눈뜨다.

요즘은 융합의 시대다. 자동차 기술과 IT기술이 만나서 스스 로 운전하는 자동차가 나왔다. 스티브 잡스는 기술과 인문학의 중간 지점에서 융합적 사고로 아이폰을 만들고 세상을 바꾸었다.

이런 융합들을 보면, 뭔가 대단한 영역끼리 섞여야 하는 것 같 다. 하지만 꼭 그럴 필요가 있을까? 주변에서 쉽게 접하는 것들 을 융합하면 안 되나? 나는 집안일 10년의 경험과 특허일 10년의 경험으로 새로운 융합적 사고를 해보기 시작했다. 바로 엄마들이 특허를 이용하는 방법에 대해서 말이다.

엄마들이여! 특허를 이용하라!

특허를 이용하라고? 엄마들을 특허 소송의 블랙홀로 끌어들이려는 것인가? 아니다. 특허는 누구나 이용할 수 있다. 물론 조건이 있다. 다른 사람이 특허 받은 발명품으로 돈을 벌려고 하지 않아야 한다는 점이다. 바꿔 말하면, 집에서 개인적으로 특허를 쓰는 건 불법이 아니란 말이다. 특허 제도의 본질은 특허를 이용해서 세상을 더 좋게 만드는 것이다. 특허 제도는 특허를 그 누구도 못 쓰게 꽁꽁 싸매기 위한 게 아니다.

안타까웠다! 이렇게 이용할 만한 아이디어의 원천인 특허를 사람들은 선입견에 눈이 멀어 이용하지 않는 현실이! 집안일 좀 해본 아빠로서 보니, 엄마들이 이용할 만한, 엄마들에게 어울리는 특허가 정말 많다.

그래서 이 책을 썼다. 엄마들이 특허를 이용하는 방법에 대한 책 말이다. 이 책을 보고 엄마들이 특허를 많이 이용했으면 좋겠다. 그래서 특허 제도의 본질에 맞게 특허로 세상이 이롭게 되기를 꿈꿔 본다.

덧붙임

부의 창출에 대해 당연히 관심이 많으실 것이다. 지면 상 다루지 못한 이야기들은 다음 책을 기다려 주시라.

그리고

이 책이 많이 팔려 우리 마눌님이 야근 안 해도 되면 좋겠다!

여기 작가의 주먹에 주목!!!

나는 좀 친한 제자에게 우리 아내를 마눌님이라 칭한다.

내가 마눌님이라 소개했으니 당신도 이제 나와 좀 친한 제자다.

친해진 징표로 주먹 한번 대고 작가와 독자의 으리를 끝까지 함께하자!!

주먹이 너무 고와 집안일 안 하는 거 같다고?? 타고난 피부를 어쩌겠는가!!

들어가기 전에

엄마들이 특허를 많이 이용했으면 하는 작가의 바람을 담아 이 책에 별칭을 만들었다. 바로 '엄마를 위한 특허'이다. 그리고 이 책을 읽는 여러분을 엄특 독자로 모시도록 하겠다. 또 하나 책을 읽기 전에 확인할 게 있다.

앞서 갸름한 작가의 주먹과의 터치는 하고 시작하는 건가?

작가와 독자의 연은 으리로써 이어지는 법!

안 했다면, 책 앞 장으로 돌아가서 주먹 한번 터치하고 시작하자.

작가로서 독자들에게 책을 잘 읽자는 다짐을 받으려는 것이다.

(주먹과 다짐을 합쳐 주먹다짐이라 부르고 싶지만 싸우자는 말로 오해할까 봐 그 말은 쓰지 않겠다.)

주먹을 터치했다면 감사의 뜻으로
임명장을 수여한다
이제 당신은 엄특 독자다. 작가와의
으리를 끝까지 함께하길~

임 명 장

엄마를 위한 특허 독자

위 사람은 누구든지 특허를 이용할 수 있음에도 불구하고 누구도 이를 이용 하려 하지 않는 현실에 맞서 용감히 책을 펼쳤기에 그 기상을 높이 사 특 허를 이용할 수 있다는 사실을 주위에 널리 전파할 수 있는 엄특(엄마를 위 한 특허) 독자로 임명함.

당신이 이 페이지를 펼친 날

저자 강 민 석

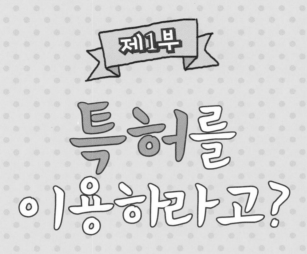

제1부

특허를 이용하라고?

주먹 이야기 또 하면 책을 던져 버리고 싶을까 두렵지만, 당신은 작가와의 으리를 다짐한 독자이니 안심하고 주먹 이야기를 또 하겠다.

앞서 보여 준 주먹에서 야들야들한 피부가 느껴지는가? 타고난 걸 어쩌냐고 했지만, 사실 나는 피부가 그렇게 좋지 않다. 어릴 때부터 아토피 피부염이 있었다. 요즘이야 대수롭지 않은 질환이지만, 내가 국민학교(그렇다, 나는 국민학교 세대다) 다닐 때만 해도 아토피 피부염은 무진장 특이하고 희귀한 증상이었다. 저학년 때는 피부병 때문에 친구들이 나를 피하기도 했다.

아토피 피부염은 주로 살이 접히는 부위, 예를 들어 무릎 뒤 같은 곳에 많이 발생한다. 그런데 나는 어릴 적에 온갖 피부에 다

생겼었다. 얼굴, 목, 손, 허리, 옆구리 등등. 여기서 잠깐!! 그렇다. 나는 주먹 쥐는 손에도 아토피 피부염이 있었다. 그것도 무척 심했다. 주먹을 한번 쥐어 보자. 손등의 피부가 늘어나는 것이 느껴지는가? 아토피 피부염이 있던 어릴 적 나의 주먹은 피부가 늘어나면 갈라졌고 그 사이로 진물이나 피가 나기도 했다. 마트에서 원 플러스 원으로 파는 것처럼, 따끔하고 아픈 고통도 원 플러스 원으로 따라왔다.

그런데 어떻게 지금은 곱디고운 손으로 주먹을 쥐고 사진을 찍었을까? 뭔가 신기한 명약을 사용했을 것 같지만 별거 없다. 어릴 적에 어머니께서 피부 관리를 잘 해주신 결과다. 그때 기억에 남는 방법 중 하나가 쌀뜨물을 이용해 씻는 것이었다. 나에겐 피부가 진정되는 효과가 확실히 있었다.

쌀뜨물의 효과는 알았지만, 쌀뜨물이 넉넉하지는 않았다. 쌀뜨물은 언제 생길까? 당연히 쌀을 씻을 때 생긴다. 하지만 넉넉한 가정 형편이 아니었기에 피부 치료를 위해 쌀뜨물을 일부러 만들 수는 없었다. 그래서 보조적으로 소금물이나 소다수 등을 함께 썼다. 아무튼 그런 식으로 어린 시절을 보내면서 나름대로 아토피 피부염을 극복해 갔다. 그리고 지금처럼 곱디고운 주먹으로 독자와 작가의 으리 운운할 수 있게 된 것이다.

그러나 아토피 피부염은 나에게 아직 현재진행형이다. 간혹 컨디션이 별로일 때면 여지없이 피부에서 반응이 올라온다. 내 아이들도 피부가 썩 좋은 편이 아니다. 아빠의 좋은 점만 닮으면 좋았으련만, 진화의 신비함은 의도 대로 되지 않는 것에 있듯, 아빠의 좋지 않은 피부가 유전되었다. 그래서 피부에 안 좋은 음식은 피하고 잘 씻고 보습을 잘 해주려고 노력한다. 이때 쌀뜨물을 이용하기도 한다.

문제는 지금도 쌀뜨물이 풍족하지 않다는 것이다. 어릴 땐 쌀이 부족해서 그랬다면, 요즘은 밥을 잘 안 해먹어서 쌀뜨물이 부족하다. 밥을, 아빠 엄마는 직장에서 사먹고 아이들은 유치원이나 학교에서 먹는다. 그리고 그만큼 쌀뜨물이 부족하다. (😎 집집마다 사정은 다를 수 있겠지만, 우리 집은 그렇다.) 그래서 이 문제를 어떻게 해결했을까?

솔직히 말해, 나에게 이 문제를 해결해야겠다는 의지는 별로 없었다. 아이들의 피부 상태가 나처럼 심하지 않았고, 또 내가 남자라 그런지 우리 어머니가 해주셨던 것처럼 섬세하게 아이들을 돌보게 되지도 않았다. 살다 보면 언젠가 아이들이 스스로 극복할 날이 올 거라 여기는 편이었다. 쌀뜨물이 없으면 어떤가! 그게 없다고 아이들 피부에 치명적인 문제가 생기는 것도 아닌

데······.

　하지만, 머릿속 한 켠에는 쌀뜨물에 대한 생각이 조금은 있었던 모양이다. 우연히 쌀뜨물에 대한 정보를 찾게 되었으니 말이다. 많은(?) 직장인들이 그렇듯 나도 회사에서 업무에 집중하지 않고 잠시 인터넷에 빠져들 때가 있다. 심심풀이로 인터넷 기사를 읽다가 갑자기 쌀뜨물이 눈에 들어왔다. 때마침 환절기여서 마음 한 켠에 아이들 피부가 걱정되던 참이었다. 동시에 이걸 이용하는 특허가 있지 않을까 의문도 들었다. 내가 회사에서 하는 일이 특허 관련이니 특허 검색은 식은 죽 먹기였다. 그래서 바로 찾아봤다.

　찾아보니 있었다. 그것도 정말 무진장 간단한 방법으로 말이다. 그때 아르키메데스처럼 벌거벗은 채 '유레카'를 외치면서 사무실을 뛰쳐나가진 않았다. 무척 간단한 방법을 특허에서 확인한 후 십이지장충보다 못한 십장생 같은 나의 브레인이 한심하게 느껴졌다. 그 긴 시간 특허를 찾으며 살았는데 왜 정작 나를 위해 찾을 생각은 못했을까? 남들에겐 신기한 특허가 있으면 잘도 떠들고 다녔으면서 말이다. 회사 업무로 남들이 찾아 달라는 특허는 울며 겨자 먹기로 찾으면서 나를 위해서는 시도조차 하지 않았던 내가 참 원망스러웠다.

나 자신에 대한 원망이 있었지만 뭐 달라질 건 없었다. 후회가 길면 좋지 않은 법! 그래서 이제라도 나를 위해 특허를 찾아보자고 마음먹었다. 그리고 특허 속에 숨겨진 보물들과의 숨바꼭질을 시작했다.

언제든 쌀뜨물로
씻을 수 있는
방법

쌀뜨물 만드는 게 뭐 대수냐고 할 수 있다. 틀린 말은 아니다. 쌀 씻어서 밥할 때 그 물만 좀 모아 놓으면 되는 거 아닌가? 맞다. 하지만 나는 그 물이 많이 모자랐다. 작가인 나와 엄특 독자인 당신의 상황이 다른 건 서로에 대한 으리로 조금씩 이해해 주자. 나는 온몸을 담글 정도의 쌀뜨물이 필요했다. 그리고 쌀뜨물은 나만 쓰는 것도 아니다. 애들도 써야 했다. 또 한 사람이 사용했던 쌀뜨물은 재활용하지 않았다. 피부 각질이 남아 있을 테니까. 우리 집에서 밥 해먹는 걸로 생기는 쌀 뜨물로는 어림 반 푼어치도 없는 일이었다.

이건 그냥 세수만 좀 하거나 손을 씻기 위해 한 대야 정도의 쌀 뜨물이 필요한 게 아니다. 군대에서 취사병이 삽으로 쌀 씻는 상황이 필요하다고나 할까? (😑 요즘은 쌀 씻는 기계가 보급돼서 삽으로 씻지는 않겠지만……) 군대를 다녀오지 않아서 그 광경이 떠오르지 않는다고? 100인분 정도의 밥을 할 때 쌀을 어떻게 씻을지 잠시 상상해 보면 된다.

이 문제를 해결한 특허는 어떤 것이었을까? 나는 특허 검색 사이트에서 '쌀뜨물'이라고 검색했다. 그리고 결과 중에서 마음에 드는 것을 골랐다. 내가 고른 특허는 이거다.

쌀뜨물 티백

현미에서 쌀겨층과 배를 제거한 백미를 깨끗한 물로 세척한 후 6시간 자연 건조시켜 200mesh로 분쇄하여 미세한 여과공이 형성된 부직포형상의 여과지에 밀봉한 것을 특징으로 하는 쌀뜨물 티백

간단히 말해, 쌀을 갈아서 티백 같은 데 담는 것이다. 되게 간단한데 뭐 그런 게 특허냐고? 그런 특허도 있다. 특허라고 하면 뭔가 되게 거창하고 특별할 것 같지만 그런 것들은 특허의 일부분일 뿐이다. 실생활에서 이용하려고 살펴보는 특허들은 무진장 간단하다.

그래서 나는 이걸 어떻게 이용했을까? 쌀은 집에 있었고, 믹서도 있었으니 갈아서 잘게 만드는 건 어렵지 않았다. 인터넷을 검색해 보니 공티백이 있었다. 그리고 마트에는 국물을 우려내기 위한 망도 판매하고 있었다. 필요한 재료를 쉽게 구할 수 있으니 별 어려움 없이 따라 할 수 있다. 특허에는 쌀의 분쇄 사이즈도 나와 있지만 그게 중요한 요소가 아니라는 건 삼척동자도 알 만한 일이다.

결과는 어땠을까? 대만족이었다. 필요한 양을 만들려고 수십 인분의 밥을 할 필요도 없고, 먹지도 않을 쌀을 미리 씻어 놓을 필요도 없었다. 무척 간단한 방법으로 그때그때 바로 쌀뜨물을 이용할 수 있었다.

<u>그 후로 나는 생활하면서 뭔가 불편한 점이 생기면 특허부터 검색해 본다.</u> 생활 속에서 겪는 모든 문제의 해결책을 찾을 수는 없지만, 특허를 찾으면서 해결책에 대한 힌트를 얻는 경우가 많아졌다. 거인의 어깨에 오르라는 말이 있다. 다른 사람의 지혜를 이용해 더 나아가라는 말인데, 이 말은 특허 이용에 정말 딱 어울리는 것 같다.

그럼 쌀뜨물 특허를 어떻게 찾았는지 구체적으로 살펴보자.

쌀뜨물 티백
만드는 법

씻은 쌀 한스푼

믹서로 분쇄

공티백에 넣기

욕조에 넣어 맘껏 쓰기
쌀뜨물

나는 특허 검색 사이트를 이용했지만, 꼭 그럴 필요는 없다. 우리가 항상 이용하는 네이X 사이트에서도 특허를 찾을 수 있다.

참고로, 나는 이 사이트를 '네이년'이라고 부른다. 검색하다가 원하는 결과가 안 나오면 네 이년! 네년이 이래도!!! 하면서 키워드를 바꿔 넣으면 뭔가 희열이 느껴진달까…… 물론 그녀의 도도함에 혀를 내두르며 노랑머리 구X군을 찾아가기도 한다.

먼저, 네이X에 접속하자.

(이리 오너라~ 네년이 오늘은 어떤 얼굴로 나를 반길지 참으로 궁금하구나~)

그리고 검색창에 '쌀뜨물 특허'라고 쳐보자.

그러면 전문정보라는 섹션과 함께 내가 찾은 쌀뜨물 티백을 가장 먼저 보여 준다.

(네년이 갸륵하게도 내 마음을 잘 알아차렸구나~)

쌀뜨물 티백을 누르면 청구항과 요약을 함께 보여 준다. 읽어 보면 원하는 내용의 특허라는 걸 대번에 알 수 있다.

NAVER | 쌀뜨물 특허 | ▼ | 검색

⬇

전문정보

특허 **쌀뜨물 티백** 2006년
omitt **ed 본 발명은 쌀**조 방법에 관한 것으로 가정에서 간편하게 미용효과와 음식맛조절을
특허실 **용** | 출원인 **명자/고안자: 이왕국** | 출원번호: 1020060064899

특허 **쌀뜨물** 유산균 발효 비료의 제조방법 출원년도 : 2000년
Manufacturing Method for Fermentated Fertilizer of Lactobacillus Using Rice Washing Water 본 발명은 쌀
뜨물을 이용한 유산
특허실용 | 출원인: (주)라이스텍 | 발명자/고안자: 이용 | 출원번호: 1020000036292

특허 **쌀뜨물 처리방법** 출원년도 : 1996년
[과제]적어도 여과공정을 포함하는 처리방법에 의해 쌀드물을 처리하는 경우에, 여과체의 눈막힘을
특허실용 | 출원인: 윤종락 | 발명자/고안자: 이무라 사또루 | 출원번호: 1019960000606

특허 순비기나무, 도꼬마리, 소리깽이, 민들레, 어성초, 호호바오일과 티트리 출원년도 : 2013년
특허실용 | 발명자/고안자: 황태혁 외 2명 | 출원번호: 1020130086571

특허 **쌀뜨물 유산균 발효 조성물의 제조방법 및 그 방법에 의하여 제조된 식** 출원년도 : 2013년
특허실용 | 출원인: 에스엔케이비즈 주식회사 | 발명자/고안자: 조상균 외 1명 | 출원번호: 1020130033722

특허/KS표준 더보기 ⬈

⬇

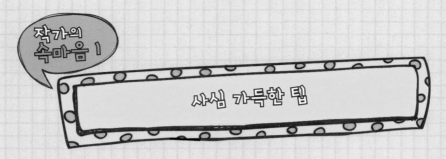

작가의
속마음 1

사심 가득한 팁

네이X는 블로그 검색 결과도 함께 보여 준다. 블로그 결과에서 제일 처음
나오는 것이 작가의 블로그다. 엄특 독자로서 으리 있게 한번 방문해 보자!
블로그에 쌀뜨물 특허의 특허공보문 파일도 있으니 다운받아서 한번 읽어
보시길~

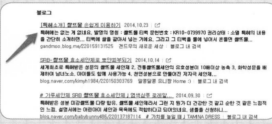

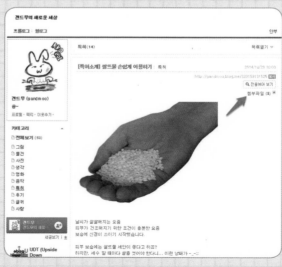

엄마들이
치열해진다

나는 특허 일을 10년 넘게 한 사람이다. 그래서 특허 이용에 큰 부담이 없었고 그 효과도 톡톡히 보았다. 그런데 이런 내 개인적인 경험을, 집안일 좀 해본 아빠라는 이유로, 다른 엄마들에게까지 확대 적용하려는 게 좀 무리는 아닐까? 그러니까 성급한 일반화의 오류를 범하는 건 아닐까?

아니다. 내 생각에 엄마들은 특허에 대한 힌트만 살짝 줘도 엄청나게 이용할 것 같다. 왜냐고? 엄마들의 앞서가고픈 마음이 커졌기 때문이다.

요즘 엄마들은 열정적이다. 내가 어릴 때 봤던 엄마들을 떠올리다 요즘 엄마들을 보면 깜짝깜짝 놀란다. 인터넷 카페나 블로그, 아침 정보 프로그램을 조금만 살펴봐도 똑똑한 엄마들이 정

29

말 많다는 걸 금세 알 수 있다. 인터넷 쇼핑몰을 차리거나, 살림 소품을 직접 만들거나, 비슷한 생각을 가진 사람들끼리 협동조합을 만들거나, 물건을 싸게 구매하기 위해 소비자단체를 만드는 엄마들까지. 더 잘살고 싶은 욕구, 내 아이를 더 잘나가게 하고 싶은 엄마들의 욕구가 과거 어느 때보다 높아진 걸 실감한다. 그만큼 엄마들은 치열해졌다.

도대체! 왜? 엄마들은 이렇게 치열해졌을까.

내 생각엔 엄마들의 교육 수준이 높아졌기 때문이다. 대학 졸업 후 취업하거나 대학원에 진학하여 이론적 공부와 사회적 경험을 쌓은 엄마들이 과거보다 많아졌다. 아는 것이 많아지니 해야 할 것도 눈에 더 보이는 것이다. 그래서 앞서 나가려는 경향도 강해졌다.

해야 할 것과 하고 싶은 일이 많아지는 데 일조한 요인은 교육 수준이 전부일까? 아니다. 요즘 우리 주위에서 보고 듣고 접하는 미디어들이 과거 어느 때보다 발달한 것도 한 요인이다.

TV는 잘사는 사람들의 모습을 너무 많이 보여 준다. 리얼리티가 대세라며 연예인들의 육아나 아이들과 추억을 쌓는 모습, 유명인의 집안 구석구석까지 멋진 모습들이 TV에 적나라하게 보여진다. 여행 가서 좌충우돌하며 행복해 하는 모습을 보여 주는 것도 과거 TV에서 보여 주던 웃음 코드와는 사뭇 다르다.

물론 그 안에는 기업이 판매하고 싶은 것들이 절묘하게 녹아 있다. 소비를 자극하기 위한 목적이 PPL(간접광고)이라는 형태로 숨어 있다. 내게 와닿는 내용으로 내가 하고 싶은 것들을 직설적으로 보여 주니 사고 싶은 욕구가 마구 커진다. PPL에 대한 설문 조사를 보더라도 60% 이상이 긍정적으로 생각하고, 절반 이상은 구매로까지 연결된다고 대답했다. 그리고 그와 동시에 무언가를 하고 싶다는 욕망의 크기도 함께 커진다. 소비도 늘지만 동기 부여도 늘어나는 셈이다.

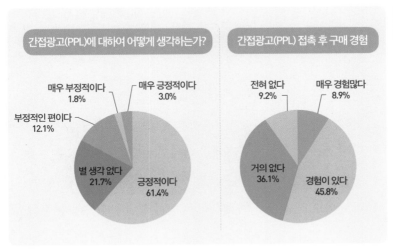

PPL 현황,
2011년 DMC미디어
조사 결과

뉴스는 여기에 직접적인 자극을 주기도 한다. 인터넷 카페나 블로그에 올라온 엄마 성공담을 그대로 보도한다. 글을 쓴 사람이 '엄마'라는 사실은 기사의 가치를 더 높여준다. "○○ 엄마가 ○○해서 대박이 났다"라는 소식을 접하는 순간, "나도 엄마인데, 그럼 나도 할 수 있겠네"라는 생각의 씨앗이 마음속에 뿌려진다. 나와 비슷한 사람이 했다는 사실이 관심의 크기를 더 크게 하는 것이다.

하루가 멀다 하고 올라오는 엄마들의 블로그 관련 뉴스들

SNS의 발달은 여기에 기름을 붓는다. 카카오스토리나 페이스북에 공유되는 엄마들의 무용담은 욕망의 크기를 증폭시키는 걸 넘어 자기 자신을 초라하게 보이게도 한다. 그리고 자신도 배울 만큼 배웠고 능력도 있다는 걸 아는 엄마들은 이를 딛고 일어선다. "나도 '카친'이나 '페친'들에게 언젠가 내 능력을 보여 주고 말겠어" 굳은 다짐을 한다.

물론 남편 뒷바라지, 육아, 살림, 친정 시댁 챙기기 등 전통적으로 부여된 임무만 하고 사는 엄마들도 있다. 예전에는 그것만 다 해도 충분했다. 그 이외의 것을 하면 오히려 이상하게 보이던 시대도 있었다. 하지만 지금은 아니다. 시대가 변해서 그렇다는 말이 아니다. 누가 나에게 그렇게 말해줘서 그런 것도 아니다. 엄마들의 마음속에 싹트는 무언가가 자기 자신에게 '부족하다'는 말을 하는 것이다.

이렇게 엄마들 마음속에 앞서 가고 싶은 욕구가 생겼다. 이 욕구를 어떻게 해야 할까? 무엇을 해서 앞서 나갈까? 새로운 무언가가 필요한 시점이다. 여기에 딱 어울리는 게 특허다.

왜 그럴까?

앞서 가려면 새로운 것을 해야 한다. 새로운 것을 할 때 가장 손쉬운 방법이 따라 하는 것이다. 예를 들어, 이웃집 언니네 친척의 아는 사람이 치약으로 와이셔츠 깃을 닦았더니 좋다더라 하면 집에 와서 그대로 따라 해보는 것이다. 또 인터넷 카페에서 거실을 서재로 바꾸었더니 아이가 책을 읽더라는 글과 사진을 본 후 자기집 거실을 책장으로 꾸며 보는 것이다.

그런데 이렇게 하면 어느 정도 효과를 볼 수는 있지만 다음과 같은 단점도 있다.

우선, 방법이 구체적이지 않을 경우 시행착오를 겪어야 한다. 와이셔츠 깃을 치약으로 닦는 아이디어의 경우 치약을 얼마나 써야 하는지, 어떤 치약을 써야 하는지, 치약을 손으로 바르면 되는지 아니면 칫솔을 사용해야 하는지 여러 조건에 따라 효과가 달라질 것이다. 이건 직접 경험해 봐야 알 수 있다.

또 확실한 효과가 증명되지 않은 방법을 좋을 것이라 짐작하고 따라 하는 경우 역효과를 볼 수 있다. 거실을 서재로 꾸미면 아이들에게 책 읽는 습관을 들일 수 있을 거라고 짐작하지만, 정말 그럴까? 아이 주변에 책이 많으면 책을 읽을 확률은 높아지겠지만, 책을 싫어하게 될 확률도 함께 높아진다. 어릴 때 강요당한 것들에는 반감이 생기기 마련이다. 놀고 싶은 아이에게 책만 강요하는 환경을 만들면 책은 자신의 놀이 기회를 빼앗아 가는 나쁜 것으로 각인될 수 있다. 그러니 효과를 짐작하지 말고 확실하게 검증된 방법을 찾는 것이 바람직할 것이다.

그럼 어떻게 해야 할까? 효과가 검증된 방법이 필요하다. 하지만 효과가 제대로 난다는 것만으로는 뭔가 부족하다. 독특함이 있어야 한다. 독특하다는 건 경쟁이 없거나 차별화된 무언가가 있다는 말이다. 효과가 검증되고 독특한 방법이 있다면 앞서 나갈 수 있다.

가장 좋은 방법은 자신만의 효과적이고 독특한 방법을 창조해내는 것이다. 하지만 그게 아니라면 다른 사람의 독특함을 내가 이용하면 된다.

어떻게? 가장 쉬운 방법이 바로 특허를 이용하는 것이다. 특허는 효과가 검증된 발명들이고 게다가 독특함까지 갖추고 있으니까!

잠깐! 다른 사람의 특허를 이용해도 되느냐고 반문할 수 있을 텐데, 이용해도 된다. 단, 아무렇게나 이용해서는 안 된다. 프롤로그에서도 이야기했지만, 다른 사람의 특허로 돈을 벌려고 해선 안 된다. 이 부분은 앞으로 차차 살펴보도록 하자.

특허에 눈뜨면 무엇이 바뀔까?

　　　　　　　　사람이 무언가를 배우면 배우기 전과
는 달라져야 한다. 그렇지 않다면, 그 배움의 시간은 그냥 시간
낭비였을 뿐이다.

　지금 이 시간이 알찬 시간이고 매우 유익하다고 느끼기를 원
하는가? 그렇다면 책을 다 읽은 후에 어떤 일이 생길지 기대하는
마음이 필요하다. 기대가 크면 실망도 큰 법이지만 기대가 없으
면 아예 무언가를 하지 않게 된다. 기대하고 본 영화에 실망하고
영화관을 나오기도 하지만, 기대하지 않으면 아예 영화관을 찾
지 않게 되는 이치라고나 할까. 그럼 특허에 대해 알게 되었을 때
기대할 수 있는 것들에 대해 알아보자.

특허에 현혹되지 않는다

인터넷 쇼핑을 하거나 홈쇼핑 채널의 상품 카탈로그를 보면 이런 상품들이 꼭 있다. 어떤 상품이냐고? 특허 받았다는 걸 강조하는 상품 말이다.

아마 엄특 독자인 당신은 "그게 어때서? 특허 받으면 좋은 상품 아닌가?"라고 생각할 것 같다. 그렇다. 특허까지 받았는데 좋으면 좋았지 나쁠 리가 있겠는가? 하지만 당연하게 여기는 것이라도 가끔은 정말 그런지 한번쯤 생각해 볼 필요가 있다.

특허 받은 상품은 다 좋은 걸까?

특허는 크게 출원과 등록이라는 과정을 거쳐 완성된다. 그런 과정을 모르는 사람들이 많지만, 사실 조금만 생각해 보면 당연한 과정이다. 사람들이 특허를 왜 낼까? 특허를 내는 가장 큰 이유는 자신의 발명 아이디어를 남들이 함부로 쓰지 못하게 하기 위함이다. 그럼 아무 발명 아이디어나 특허가 될까? 아니다. 그 발명 아이디어가 정말 특허감인지 알아보는 과정이 필요하다. 여기서 발명 아이디어가 특허감인지 알아봐달라고 신청하는 것이 특허 출원이다. 그리고 특허감이라고 결정해 주는 것이 특허 등록이다.

우리가 특허 받았다는 상품 광고를 유심히 봐야 하는 이유는 특허가 출원만 된 상태일 수 있기 때문이다. 특허 출원되었다는 건 특허감인지 알아봐달라고 신청하는 것에 불과하다. 특허 출원하는 건 남녀노소 누구나 할 수 있고 어떤 내용이든 가능하다. 어디선가 보고 베낀 것도 출원이 가능하다는 말이다. 애초에 특허 대상이 되지 않는 내용이어도 출원은 된다. 광고 효과를 노리고 무작정 출원한 것일 수도 있다. 그러니 상품 소개에서 특허를 언급한다고 아무런 의심 없이 무조건 받아들이면 안 된다. 그러니까 특허 출원은 특허와 관련이 있다는 상징성 외엔 아무런 실체가 없다는 뜻이다. 등록되지 않은 특허는 아무 효과가 없다. 출원된 특허가 모두 특허로 등록되는 것은 아니며, 게다가 그 비율도 높지 않다.

그렇다면 특허 등록을 받았다고 광고하는 상품은 다 좋은 상품일까? 답은 그럴 수도 있고 아닐 수도 있다. 사실 특허로 등록 받는 것과 좋은 상품은 아무런 관련이 없다. 특허 출원은 했는데 등록을 받지 못하는 특허들이 많다고 했는데, 이유는 그 아이디어가 기존에 있던 것이기 때문이다. 뒤집어 보면 기존에 없는 것이면 특허로 등록 받을 수 있다는 말이 된다. 즉, 새로운 것이면 특허를 받을 수 있다. 새로운 것이 무조건 좋다는 뜻은 아니니 특허로 등록되었다고 그 상품이 좋다는 보장은 없다고 할 수 있다. 물론 기존보다 나쁜 것을 특허로 낼 가능성은 매우 낮을 것이다. 특허 받으면 무척 좋을 것이라는 기대는 하지 말라는 뜻이다. 그냥 새로운 기술( 좋은지 나쁜지는 알 수 없지만)이 있는 회사에서 만든 상품이라는 정도로만 받아들이자.

와우! 지금 이 순간, 엄특 독자인 당신에겐 이제 특허와 관련된 상품을 객관적으로 볼 수 있는 눈이 생겼다. 축하한다!

상품의 비밀을 간파하는 혜안

사려고 점찍어 둔 물건이 정말 괜찮은지 궁금할 때가 있다. 합리적인 소비자라면 당연히 생기는 궁금증이다. 그래서 인터넷을 검색해 다른 사람들의 사용 후기를 보고 구입 여부를 판단하기도 한다. 하지만 인터넷 후기는 정직하지 못한 경우가 많다. 상품의 매출을 올리기 위해 기업에서 인위적으로 좋은 후기를 남길 수 있기 때문이다. 정보화 시대를 사는데 오히려 믿을 만한 정보를 찾기는 점점 어려워지는 요즘이다.

그런데 특허 보는 방법을 알고 있다면, 상품 소개에 사용된 특허 기술이 정말 유용한지 살펴볼 수 있다. 직접 특허 내용을 찾아본 후 판단할 수 있는 것이다. 남들은 기업 홍보팀에서 쓴 교묘한 홍보글에 헷갈려 할 때, 나는 좀 더 합리적인 소비를 할 수 있게 된다.

맛집이라고 소문난 곳들을 보면 주인 이름을 걸고 장사하는 곳이 많다. 간판에 특허 번호를 써 놓은 곳도 제법 있다. 이런 걸 발견했을 때 그냥 지나치지 말자. 주인 이름이나 특허 번호를 메모했다가 나중에 찾아보면 맛집의 비밀을 쉽게 파악할 수 있다. 노하우를 보호하려고 특허로 출원해 놓았을 가능성이 높기 때문이다. 특허를 알면 할 수 있는 일들 중 하나이다.

몇 년 전 특허 받은 영어책이 유행한 적이 있다. 어떤 방법인지 궁금해서 그 책을 구입한 사람들이 적지 않았을 것이다. 책을 구입하는 건 좋은 일이다. 다만 정말 필요한 정보를 갖춘 책인지 구입하기 전에 살펴보는 과정이 더해진다면 더 좋을 것이다. 영어책의 경우, 저자 이름으로 된 특허를 찾아보면 된다. 더 나아가 특허 출원된 학습법이 있는지 살펴보고 괜찮은 것이 있다면 자녀 교육에 활용할 수도 있다.

특허에서 아이디어 힌트를

엄마라면, 요리 관련 특허들을 눈여겨볼 필요가 있다. 음식 제조 방법과 관련된 특허 종류는 정말 예상을 뛰어 넘는다. 요리책처럼 컬러 사진과 함께 친절한 설명이 나오진 않지만 비교적 자세하게 기재되어 있으므로 따라 하기 어렵지 않다. 또 이를 응용해서 더 나은 요리를 하는 것도 가능하다.

손재주가 좀 있다면 특허에 공개된 기술 설명을 바탕으로 이미 가지고 있는 물건을 개선할 수도 있다. 특허에 대해 모를 때는 사용하다가 불편한 점이 생기면 그냥 쓰거나 버렸을 것이다. 하지만 특허를 조금 알면 관련 특허를 찾아볼 수 있다. 특허에 나온 도면을 보면서 조금씩 변형을 가하면 원래보다 좋게 만들 수도 있다. 설계가 비교적 간단한 물건이라면 사용된 특허도 많지 않아 좀 더 쉽게 응용할 수 있다. 덤으로 특허를 찾는 동안 탐정이 된 듯한 기분도 느낄 수 있을 것이다.

사용하고 있는 물건의 불편한 점을 개선하려고 특허를 읽다 보면 새로운 아이디어가 떠오르는 순간이 있다. 그 찰나를 놓치지 않고 잘 메모한 후 정리하다 보면 자신의 머리가 장식품은 아니라는 뿌듯함과 동시에 특허로 출원해 보면 어떨까 하는 데까지 생각이 미칠 수 있다. 실제로 이런 식으로 특허 발명품을 만들어 사업에서 성공한 사례를 찾는 건 어렵지 않다. 자신이 직접 제품을 만들기 어렵다면 나중에 그 특허를 필요로 하는 사람에게 매각할 수도 있다.

투자하기 전에 특허를

재테크에 관심이 있어서 주식 투자를 좀 할 줄 안다면, 특허를 볼 줄 아는 것이 도움이 된다. 특정 기업이나 특정 제품군의 특허를 찾다 보면 기술이 어떻게 발전해가고 있는지, 어떤 문제점을 어떻게 해결해나가는지 알 수 있다. 또한 경쟁 기업 간의 기술 개발 경쟁 양상도 파악할 수 있어서 앞으로 그 기업이 어떻게 바뀌어갈지 예측할 수 있다. 즉, 특허를 통해 관심 기업의 기술력을 알 수 있고 이를 투자 판단에 활용할 수 있는 것이다. 만약 기업이 공시를 통해 특허 취득을 알리면 이것이 주가에 영향을 미칠 수 있는 것인지도 판단할 수 있다.

물론 이 정도 수준이 되려면 해당 분야에 대한 공부를 많이 해야 할 것이다. 그런데 그 공부에도 특허가 도움이 된다. 왜냐하면 그 분야 기술에 대해 아는 것이 전혀 없더라도 그 분야의 특허 출원 시점으로 거슬러 올라가며 읽어 보면 어느새 그 기술에 통달할 수 있게 되기 때문이다. 어려운 기술을 이해하려면 인내심이 필요하고 머리가 좀 아프긴 하겠지만 말이다.

늘 특허에 대해 생각하다 보면 이 세상에는 개선해야 할 것들이 참 많다는 걸 깨달을 수 있다. 새로운 시각이 생기는 것이다. 당장 메모장이 필요해지고, 머리는 늘 새로운 아이디어를 쏟아내려고 무의식적으로 움직이기 시작한다. 그 순간 특허에 대해 배우고 자신이 달라졌다는 걸 느낄 수 있다. 과거와는 다르게 살아갈 능력을 갖추게 된 것이다.

엄특 독자들 모두 '그 순간'이 어서 오길 바란다. 퐈이팅!!

어떻게
특허를
이용할까?

'어떻게 특허를 이용할까?' 라는 질문은 '어떻게 인터넷을 이용할까?' 라는 질문과 같다. 이게 무슨 말이냐고?

우리는 인터넷을 검색해서 이용한다. 아니라고? 이제부터 우리가 인터넷을 검색해서 이용한다는 걸 증명해 보이겠다. 찬찬히 잘 읽어보시길~

매일매일 아무 생각 없이 이용하는 인터넷. 그 과정을 잘 관찰해 보면 우리는 늘 검색을 하고 있다는 걸 알 수 있다. 인터넷을 이용하려면 제일 처음 해야 하는 일이 뭘까? 컴퓨터 모니터에서 인터넷 브라우저 아이콘을 찾아 더블클릭하는 일이다. 인터넷 브라우저가 익스플로러든 크롬이든 파이어폭스든 뭐든 말이다.

넷스케이프

(😎 넷스케이프라고? 우와!!! 책으로라도 당신을 만나게 되어 영광이다!!! 당신이 지금도 넷스케이프를 쓴다면 나는 진심을 다해 존경과 경의를 표하겠다!)

스마트폰이나 태블릿을 쓴다면 브라우저나 포털사의 앱을 찾아 터치할 것이다. 아무튼 이제 인터넷에 연결되었다. 그럼 가장 먼저 하는 일이 뭘까? 시작페이지 뜨는 걸 감상한다. 보통 네이X와 같은 사이트가 대부분이다. 그러고 나면? 검색한다. 검색창에 직접 입력하거나 네이X 페이지에 있는 여러 링크들을 클릭해서 내가 궁금해 하는 정보를 검색한다. 자~ 이제 우리가 인터넷을 검색해서 이용한다는 것이 증명되었다.

왜 검색할까? 필요한 정보를 얻기 위해 인터넷을 이용하기 때문이다. 부가적으로 게임도 하고 사람들과 대화도 하지만 궁극적으로 하는 행위는 검색이다. 그래서 네이X와 같이 시작페이지로 뜨는 사이트들은 가장 눈에 띄는 곳에 커다란 검색창이 있다. 그러니까 인터넷을 통해 필요한 정보를 쉽게 검색하라고 그렇게 만들어 놓은 것이다. (😎 라는 건 좋게 해석한 것이고 사실은 정보를 검색하도록 우리를 꼬드기기 위해 그렇게 만들어진 것이다. 왜냐고? 네이X와 같은 사이트는 사람들이 무엇을 검색하는지를 알고 싶어 한다. 사람들은 궁금한 것을 검색하고 사람들

47

인터넷을 검색해서 은하계 별처럼 무수히 퍼져 있는 정보들 중 필요한 것을 찾았다면 그 다음은? 그 정보를 우리 뇌에 입력시킨다. 글을 읽던, 사진이나 동영상을 보던, 소리를 듣던 여러 과정을 통해서 말이다. 그러고 나면 어떻게 될까? 입력된 것에 뇌가 반응한다. 즐겁거나 우울하거나 기쁘거나 짜증나거나 하는 어떤 감정을 느끼기도 하고, 춤을 따라 추거나 쇼핑한 물건을 결재하는 등의 다양한 행동을 하게 된다. 이 모든 것이 뇌의 반응이다.

어떻게 인터넷을 이용할까?

검색해서 이용한다.

검색한 후 뇌의 반응에 따른다.

특허도 마찬가지다.

어떻게 특허를 이용할까?

검색해서 이용한다.

검색한 후 뇌의 반응에 따른다.

특허를 이용하는 것은 인터넷을 이용하는 것과 똑같다. 네이X와 같은 사이트에 접속해서 검색하듯이, 특허를 검색할 수 있는 사이트에 접속해서 필요한 특허를 검색한다. 네이X에서 검색 결과를 클릭해서 보는 것처럼, 특허 검색 결과에서 필요한 특허를 읽어 본다. 그리고 뇌의 반응을 따른다.

그럼 특허를 이용하려면 뭘 어떻게 검색할까? 일단 주위를 호기심 있게 살펴야 한다. 내가 불편하게 느끼는 것이나 나에게 필요한 게 무엇인지 관심을 가져야 한다는 말이다. 그런 걸 꼭 관심을 가져야 아냐고? 언뜻 생각하면 그걸 모르는 게 더 이상하겠지만, 살다 보면 모르고 살아가는 경우가 더 흔하다. 불편하지만 딱히 어쩔 수 없으니 그냥 살다 보면 거기에 익숙해지면서 결국 불편한 줄 모르고 살게 되기 때문이다. 그런 경우가 없었는지 한 번 살펴보자.

어떻게 특허를 이용할까?

검색해서 이용한다.

검색한 후 뇌의 반응에 따른다.

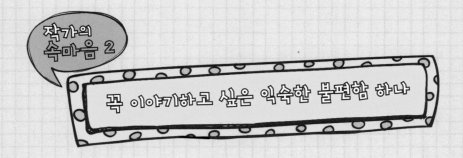

작가의
속마음 2

꼭 이야기하고 싶은 익숙한 불편함 하나

★ 주의 ★

서울 이외의 지역에 사시는 엄특 독자분들께는
해당되지 않는 이야기임.

엄특 작가가 서울에 살면서 느끼는 불편함 중 한 가지를 이야기하려고 한다.
그래서 이 글은 서울을 제외한 지역에 계신 전국의 국민들과 해외 동포들께
는 적합하지 않을 수 있다. 하지만 서울에서 매일 버스로 출퇴근을 하는 엄
특 작가에겐 무진장 불편하고 답답한 일이기에 꼭 짚고 넘어가야겠다. 바로
내릴 때 찍는 버스 카드로 인한 불편함이다.

서울 시내 버스를 이용할 때, 버스에서 내리는 사람들이 카드 찍는 것 때문
에 기다리는 게 불편하지 않은가? 당연한 거 아니냐고? 익숙해서 잘 모르겠
다고? 난 이게 불편하다. 그리고 이것 때문에 낭비되는 시간과 돈이 무척 아
깝다는 생각을 한다. 무슨 말이냐고?

우리는 버스를 탈 때 카드를 찍는다. 이건 버스 요금을 내는 것이니까 당연
히 찍어야지! 그리고 내릴 때도 카드를 찍는다. 환승 할인을 받기 위해서 당

연히 찍어야지! 그럼, 환승 할인을 받지 않는다면? 환승할 예정이거나 환승한 후 내리는 게 아니라면 찍고 내릴 필요가 전혀 없다. 그러니까 버스 한번만 타고 내리는 거라면 안 찍어도 된다는 말이다. 그런데 거의 대부분의 사람들이 혹시나 손해 볼지도 모른다는 마음에 환승과 관계 없이 내릴 때 카드를 찍는다. 카드 찍을 때마다 1초 정도 걸린다. (🙄 카드를 다시 대 달라는 메시지라도 나오면 10초는 걸리는 것 같다.) 바쁜 출퇴근 시간에 콩나물 시루 같은 버스에서 한 사람마다 1초씩 허비하는 셈이다. 출퇴근 때 보면 각 정류장마다 적어도 대여섯 명은 내린다. 그때마다 낭비되는 시간을 계산해 볼까? 버스에 열 정거장을 가는 30명이 있고 각 정거장마다 대여섯 명이 내리는데, 그 중 다섯 명이 카드 찍느라 5초씩 더 허비한다고 해보자. 열 정거장 동안 50초를 더 허비했는데 별거 아니라고 생각하는가? 50초씩 30명분의 시간이 낭비되었으니 $50 \times 30 = 1500$초, 25분이다. 매일 출근과 퇴근을 하니 매일 50분이 낭비된다. 이게 한 달이고 일년이고 쌓인다고 생각해 보자. 내릴 때 별 생각 없이 혹시나 하는 마음에 찍는 카드지만 이게 쌓이면 사회적으로 엄청난 낭비다. 그리고 시간만 낭비되는 게 아니다. 버스는 무엇으로 움직이는가? 내가 사랑하는 조국인 대한민국에서 단 한 방울도 나오지 않는 석유로 움직인다. 그 시간 동안 버스가 공회전하느라 날려 버린 석유는 재정적 낭비와 환경 오염을 가져온다.

그럼, 어떻게 해야 할까? 교통 카드의 정보를 보는 스마트폰 앱을 활용하거나 교통 카드 단말기가 더 빠르게 작동하게 하는 기술에 대한 특허를 활용할 수도 있다. 그러나, 이런 경우에 굳이 특허에서 해결책을 찾을 필요는 없다. 그냥 버스 안내 멘트에 환승하는 게 아니면 카드 안 찍어도 된다는 이야기만 해줘도 될 것이다.

지금 이 책을 읽는 엄특 독자님께서 서울에 살지 않는다면 "저 양반 참 예민하네~ 뭐 그런걸 갖고 그래~" 하고 넘기셔도 좋다. 하지만 서울에 사신다면, 내리실 때 무조건 카드 찍지 말고 한번 생각해 보시길 바란다. 서울 시내 버스에서는 내릴 때 카드를 찍는 게 의무사항이 아니다. 그리고 주위 분들에게도 알려주시라. 서울에서 시내 버스 한 번만 타는 거라면 내릴 때 카드 안 찍어도 된다고! 별거 아닌 것 같지만, 티끌 모아 태산이다. 1초씩 절약해도 그게 쌓이면 세상이 바뀔 수 있다.

불편함에 익숙해지면 불편한 줄 모르고 살게 된다. 그게 정신 건강에는 이로울 수 있겠지만, 분명 발전을 저해하는 요인이다. 책을 읽는 당신에게 부탁한다. 엄특 독자로서의 자부심을 위해 익숙함의 함정에 빠지지 않도록 노력하자!

익숙함의 함정에서 벗어나면 보이지 않던 여러 가지가 눈에 들어오기 시작한다.

먼저 집을 한번 쓰윽 살펴보자. 우리 집을 예로 들어 볼까? 나는 집에서 바나나를 자주 먹는다. 밥 먹을 시간이 없거나 이유 없이 허기질 때면 바나나를 먹는다. 바나나는 나무에 매달린 것처럼 해놓으면 조금 오래간다는 사실 아시는가? 그 이야기를 듣고 바나나 송이를 옷걸이에 걸어 벽에 매달아 보았다. 그리고 심심하면 원숭이가 먹듯 바나나를 따먹었다. 하지만 바나나 껍질은 금세 변했다. 그냥 놓는 것보다 하루나 이틀 정도 오래가는 게 전부였다.

갈색으로 변해 버리는 바나나는 어떻게 할까? 껍질만 변한 것이니 참고 먹을까? 바나나는 당연히 갈색으로 변하니까 원래 그런 거라 여기면서? 불편함에 익숙해져야 할까? 나는 갈색 바나나가 별로 먹고 싶지 않았다. 그럼 어떻게 해야 할까? 그냥 버리던지, 우유랑 함께 갈아서 갈색을 잊고 먹던지 하면 되겠지? 하지만 음식물 쓰레기를 늘리기는 싫고 우유와 함께 갈아 마시는 건 쉽게 현실과 타협하는 것 같아 왠지 마음에 들지 않는다.

나처럼 집을 둘러보다가 바나나가 갈색으로 변해 가고 있는 걸 봤다면, 갈색으로 변하지 않게 바나나를 오래 보관하고 싶다는 욕구가 생길 것이다. 일상에서 마주치는 이런 불편함을 개선해 보고 싶다면 방법을 찾아야 한다. 어떻게? 인터넷 검색이나 특허 검색을 통해서!

네이X에서 검색하듯 특허를 검색해 보자. 네이X에서 특허를 검색하려면 검색창에 '특허'라고 치면 된다. 그런데 항상 특허 검색 결과를 보여주는 건 아니다. 네이X 검색창에 들어가서 '바나나 보관 특허'라고 검색하면 특허 결과가 바로 보이지 않는다.

(이럴 때 네이넌!! 하고 시어머니가 며느리 잡듯 속으로 외치곤 한다.)

블로그 결과가 먼저 뜬다. 제일 위에 뜬 블로그는 왠지 좀 친숙하지 않은가? 작가와의 으리로써 한번 방문해 보시길!

그럼 어떻게 할까? 네이X 전문정보라는 서비스를 이용하면 된다. 네이X 검색창에 '전문정보'라고 입력하고 검색하면 제일 위에 네이X 전문정보라고 나온다. 여기서 '바나나 보관'이라고 검색한 후 특허/KS표준을 선택하면 제일 처음에 바나나 보관하는 방법에 대한 특허가 나온다.

네이X 전문정보 서비스

특허의 청구범위는 이렇다. 청구범위는 특허가 보호받으려는
내용이다.

냉동 바나나의 가공방법

탈피한 바나나를 85 ~ 95% 진공도 범위로 진공 포장하는 1단계;
상기 진공 포장된 바나나를 0~25℃ 범위에서 냉장 숙성하는 2단계;
상기 냉장 숙성된 바나나를 -70~-20℃ 범위에서 급속 냉동하는 3단계;
상기 급속 냉동된 바나나를 -20~-5℃ 범위에서 냉동 보관하는 4단계를
포함하여 이루어진 것을 특징으로 하는 바나나의 가공방법

그러니까 바나나 껍질을 벗기고 비닐에 싸서 공기를 최대한 빼
고 1시간 정도 냉장했다가 냉동하면 되는 것이다. 특허 내용에서
-70℃ ~ -20℃로 4시간 급속 냉동하라는 부분이 있다. 우리 집
냉동실은 온도를 -25℃까지 설정할 수 있게 되어 있다. 우리 집
냉장고가 뭔가 특별한 기능이 있는 건 아니니 보통 냉장고도 그
정도까지는 냉동이 가능할 것이다. 그러니 집에서 해보는 데 아
무런 문제가 없다.

특허의 내용대로 6개월간 보관한 바나나　　　그냥 냉동 보관한 바나나

　그래서 할인할 때 왕창 사둔 바나나들이 갈색 점박이가 되면서 힘들어하는 게 보이면 이 특허의 내용대로 해본다. 그래 봤자 일주일 내에 다 먹어 치우지만, 이 특허를 알게 되어 음식물 쓰레기도 줄이고 우유에 갈아 먹어야 하는 현실과의 타협도 없다.

　지금까지는 필요성이 분명한 경우 특허 찾는 방법이었다. 하지만 이게 전부는 아니다. 우리가 인터넷을 이용할 때 꼭 검색창에 검색어를 입력하는 건 아니다. 인터넷 페이지를 둘러보다가 원하는 결과를 찾기도 한다. 보통 뉴스 페이지 볼 때가 그렇다. 수시로 업데이트 되는 페이지를 둘러보다 보면 내게 필요한 정보가 나타나기도 한다. 물론 목적 없이 인터넷을 보고 있으면 그냥 시간만 흐르는 경우가 더 많긴 하지만.

특허 검색 앱

　　특허도 비슷하다. 특허 검색 사이트에 가서 간단한 단어 하나 입력하고 검색 결과를 둘러보다가 필요한 걸 발견하기도 한다. 마음 편하게 인터넷 뉴스를 둘러보듯 그냥 훑어 보는 것이다. 나는 가끔 그렇게 한다. 취미 삼아 가볍게 보다 쓸만한 특허를 찾곤 한다.

　　저녁에 왠지 별미가 생각날 때가 있다. 가족들에게 나도 이 정도 요리쯤은 할 수 있다는 걸 보여 주고 싶은 그런 날 말이다. 하지만 뭘 해야 할지 갈피를 못 잡겠다. 이럴 땐 앞서 말한 것처럼 특허를 그냥 한번 쓰윽 훑어 보자.

　　특허를 훑어 보는 건 컴퓨터로만 하는 건 아니다. 스마트폰에

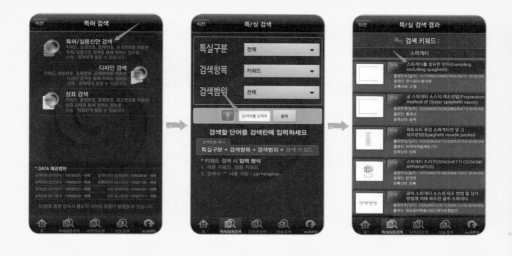

서도 가능하다. 아이폰이나 안드로이드폰을 사용한다면 특허 검
색 앱을 다운받아 보자. 앱스토어나 플레이스토어에 들어가서
'특허 검색'이라고 찾으면 특허 검색 앱을 받을 수 있다.

검색해 보면 특허청에서 만든 특허정보검색 앱을 설치할 수 있
다. 설치해서 실행해 보자.

첫 화면을 넘기면 특허 검색 메뉴가 나온다. 특허/실용신안 검
색을 누르고 들어가 보자. 그러면 특실구분, 검색항목, 검색범
위가 나오는데 그냥 기본 상태로 놓고 써도 상관없다. 검색어를
입력하는 곳이 있는데, 생각나는 단어 아무거나 넣어 보자. 나는
'스파게티'로 검색해 보았다.

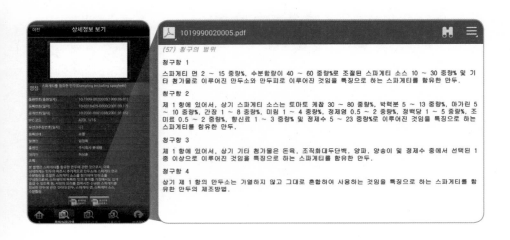

검색 결과 상단에 '스파게티를 함유한 만두'라는 게 나온다.

오~ 희한한 요리다. 저걸 별미로 해볼까?

열어 보면 간단한 내용을 확인할 수 있다. 좀 더 자세히 알고 싶다면 공개전문이나 공고전문을 PDF 파일로 다운 받을 수 있다.

PDF 파일을 열어 보면, 만두를 빚을 때 만두소랑 스파게티를 같이 넣은 음식임을 알 수 있다. 별거 아니다. 집에서 쉽게 해볼 만하다. 스파게티 소스나 만두소를 만드는 방법도 특허 전문에 나오니 한번 읽어 보시길~

특허도 찾아보면서 하루를 열심히 보낸 나에게 특허로 찾은 맛깔나는 음식으로 가족들도 대접하고 스스로에게 보상을 해주면 어떨까? 왠지 대견하고 보람차지 않은가?

그 보상이 꼭 먹는 거여야 하냐고? 신발이나 가방이 더 좋다고? 그럼 신발이나 가방을 사줄 사랑하는 분과 잘 상의해 보시길~ 여자들은 왜 그렇게 가방에 집착하는지 나로서는 잘 이해가 안 가지만, 혹시 나중에 저자와의 대화 같은 시간이 마련되어 나와 만나게 된다면 가방에 대해 잘 설명해 줬으면 좋겠다.

특허에 대한 오해, 특허는 이용하면 안 된다?

특허는 돈을 벌 목적만 아니라면 이용해도 된다고 누누이 말했다. 하지만 엄특 독자인 당신의 마음 한구석엔 "정말 괜찮은 걸까?" 하는 의구심이 남아 있을 것이다. 그런 마음이 드는 건 당연하다. 특허 관련 회사에 다니며 특허에 대해 공부하던 나도 처음에는 그랬다. 남들이 특허에서 괜찮은 아이템을 찾아보라고 하면 특허법 위반이라 안 된다고 했다. 하지만 특허에 대해 제대로 알고 나니 그게 아니었다. 특허에 대해 사람들이 오해하는 게 좀 있다는 걸 알게 되었다.

사람들은 특허에 대해 무엇을 오해하고 있을까? 가장 많은 오해는, 특허는 독점권이라 이용하면 안 된다는 것이다. 독점권? 독점은 어떤 효과가 있을까? 누군가에게 어떤 물건에 대한 독점권이 있다면 독점권이 없는 다른 사람은 그 물건을 판매할 수 없다.

몇 년 전 삼성과 애플의 대대적인 특허 소송이 뉴스를 장식한 적이 있다. 그리고 두 회사 제품이 세계 곳곳에서 특허에 의해 판매금지되는 사태도 일어났다. 특허 소송이 일어나는 이유는 특허권이 독점권이기 때문이다. 특허 소송을 벌이면 독점권을 이용해 상대방이 제품을 판매하지 못하게 막을 수 있다. 이처럼 특허로 등록된 기술은 함부로 이용할 수 없는 것이다. 무심코 이용했다가 사업을 접을 수도 있다.

그런데 왜 엄특 작가는 특허를 이용하라고 하는 걸까?

가만, 특허는 독점권이라고 해놓고 이용하라고? 독점권을 어

삼성과 애플
특허 소송 중 애플이
제시한 자료

떻게 이용하지? 한 입으로 두 말 하는 사람은 믿으면 안 되는데 엄특 작가가 그런 사람일 줄이야! 라고 실망하는 엄특 독자님들이 계실 것 같다. 워~ 워~ 잠시 진정하시라. 한 숨 돌리고 책을 읽으시길~

특허는 이용해도 된다. 아니, 특허는 이용하라고 있는 것이다. 엄특 작가는 그동안 특허권을 이용하라는 이야기는 단 한 번도 한 적이 없다. 특허를 이용하라고 했을 뿐이다. 특허권은 무단으로 이용하면 안 된다. 우리는 특허를 이용해야 한다.

그럼 특허와 특허권은 어떻게 다를까? 특허법 제94조를 살펴보면 특허권의 효력에 대해 나와 있다. 우리가 특허를 이용할 때는 특허법 제94조에 해당하지 않아야 한다.

특허법 제94조

제94조(특허권의 효력) 특허권자는 업으로서 그 특허발명을 실시할 권리를 독점한다. 다만, 그 특허권에 관하여 전용실시권을 설정한 때에는 제100조 제2항에 따라 전용실시권자가 그 특허발명을 실시할 권리를 독점하는 범위에서는 그러하지 아니하다.

특허법 제94조의 내용은 특허권자가 권리를 독점한다는 것이다. (🤓 전용실시권자라는 말도 나오는데 특허권자의 권리를 받은 사람이다. 전용실시권자가 특허권을 독점하면 특허권자가 독점하지 못한다는 말이다. 특허권자든 전용실시권자든 어차피 권리를 독점한다는 것은 변함없다.) 여기서 주목해야 할 문구는 '업으로서'라는 문구다. 특허권은 업으로서만 독점할 수 있다. '업으로서'의 의미는 무엇일까? 다음 문장을 살펴보자.

"아버지께서는 고기잡이를 업으로서 삼고 일생을 살아오셨다"

위 문장의 '업으로서'와 특허법 제94조의 '업으로서'는 같은 뜻이다. 즉, '업으로서'라는 말은 생계 유지를 위해, 직업이나 사업으로서 하는 일을 뜻한다. 그러니까 특허권자는 특허권으로 돈을 버는 행위에서만 독점권을 행사한다. 위에 언급했던 삼성과 애플의 특허 소송도 그 특허권으로 돈을 벌기 때문에 발생하는 것이다.

그렇다면 그 특허를 이용해서 돈을 버는 행위를 하지 않으면? 특허권에 저촉되지 않는다. 와우! 우리는 돈 욕심만 버리면 특허를 얼마든지 이용할 수 있다. 기쁘지 않은가!!

하지만 기쁨도 잠시. 돈을 버는 행위라는 게 조금 애매하다. 그럼 정확한 기준은 뭘까? 이와 관련하여 특허청에서 발행하는 특허·실용신안 심사지침서에는 다음과 같은 내용이 나온다.

(p.3107)

5.2 업(業)으로 이용할 수 없는 발명

개인적 또는 실험적, 학술적으로만 이용할 수 있고 업으로서 이용될 가능성이 없는 발명은 산업상 이용할 수 있는 발명에 해당되지 않는 것으로 취급한다. 그러나, 개인적 또는 실험적, 학술적으로 이용될 수 있는 것이라도 시판(市販) 또는 영업의 가능성이 있는 것은 산업상 이용할 수 있는 발명에 해당한다.

(p.7435)

① 업으로서 실시의 의미

a. "실시"의 의미는 제3자 실시에서의 "실시"와 동일하다.

b. "업으로서 실시"는 "사업으로서 실시"를 의미한다. 통상 개인적.가정적 실시, 교육 목적으로의 실시, 실험을 위한 1회성 실시는 업으로서 실시에 해당하지 않는다. 비영리적 1회성 실시라도 공공의 목적을 위해 사업적 의도하에서 실시되는 경우라면 업으로서 실시에 해당할 수 있다.

즉, 개인적으로 가정이나 교육 목적으로 실험을 위해 특허를 이용하는 것은 '업으로서'의 범위를 벗어난다. 특허권에 저촉되지 않는다. 이는 엄마가 집에서 아이를 위해 홈베이킹을 하려고 할 때, 제빵회사의 특허를 이용해도 된다는 말이다. 또 집에서 손님 대접을 할 때 직접 요리하고 싶다면, 유명 요리사가 낸 특허를 보고 해도 된다는 말이다. 또한 선물을 할 때 독특한 포장을 하고 싶다면 문구류 만드는 회사의 특허를 이용할 수 있다는 말이다. 이렇게 개인적으로 '업으로서'의 범위를 벗어나 특허를 이용하는 것은 아무런 문제가 없다.

허브 가루를 함유한 토스트 식빵
KR10-2010-0069055A

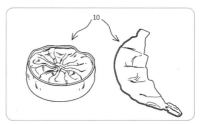

명태 배합육과 오징어 혼합 만두소를
이용한 만두 및 그 제조방법
KR10-0777832B1

정말 이용해도 될까?

그런데 왠지, 엄특 독자들에게 "그래도 될까?" 하는 의심이 아직도 있을 것 같다. 특허를 이용하는 게 법의 빈틈을 노리고 꼼수를 쓰는 것 같은 기분인가?

그런 기분 가질 필요 없다. 왜냐하면 국가

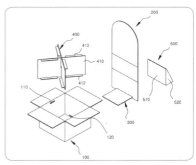

경조사용 장식 구조물
KR20-2011-0006575U

에서 특허법을 만들 때 특허를 널리 이용하라고 못 박았으니까! 특허법 제1조를 살펴보자. 특허법 제1조에는 특허법의 목적이 나와 있는데 특허 제도의 정의라고 할 수 있다. 여기에 특허를 이용하라고 써 있다.

특허법

제1조(목적) 이 법은 발명을 보호, 장려하고 그 이용을 도모함으로써 기술의 발전을 촉진하여 산업발전에 이바지함을 목적으로 한다.

이 법조문에서 우리는 특허의 두 가지 특징을 알 수 있다. 발명을 보호, 장려하고 발명의 이용을 도모한다는 것이다.

우선, 첫 번째로 나오는 '발명을 보호, 장려'한다는 말을 살펴보자. 이건 특허 받을 만한 독창적인 발명을 하면 특허법으로 국가가 보호해 줄 테니 많이 발명하라는 의미이다. 발명을 보호한다는 건 스마트폰 액정 화면이 깨지지 않게 필름을 붙이는 것처럼, 발명품이 망가지지 않도록 보호해 준다는 말이 아니다. 발명의 독창성을 보호해 준다는 말이다. 독창성을 남들이 따라 해서 발명한 사람이 손해 보는 일이 없게 한다는 뜻이다. 독창성이 인정된다면 남들이 못쓰게 국가가 보호해 줄 테니 마음 놓고 발명을 하라는 것이다. 여기서 특허가 독점권이라는 걸 알 수 있다.

우리가 주목해야 할 부분은 두 번째에 나오는 '그 이용을 도모함'에 있다. 이 말에서 특허 제도의 본질을 알 수 있다. 특허법 제1조가 '발명을 보호, 도모하고 그 이용을 장려'하는 것이 아니라 '발명을 보호, 장려하고 그 이용을 도모'하는 것을 눈여겨보자. 발명을 하는 것은 장려하고, 발명을 이용하는 것을 도모한다고 써 있다. 사실 장려하는 것과 도모하는 것은 의미가 비슷하다. (두 단어 모두 영어로는 promote다.) 하지만 두 단어의 뉘앙스는 다르다. 국어사전을 보면 '장려하다'는 '좋은 일에 힘쓰도록 북돋아주다'라고 나온다. '도모하다'는 '어떤 일을 이루기 위하여 대책과 방법을 세우다'라고 되어 있다. 그러니까 두 단어 모두 누군가가 무언가를 하도록 부추기기 위해 쓰는 말이지만, 도모한다는 말이 장려한다는 말보다 조금 더 구체적이고 강제성이 있다. 발명의 이용에 도모한다는 말이 사용된 것에서 우리는 특허제도가 발명을 이용하게 하는 것에 좀 더 초점이 맞춰져 있다는 걸 알 수 있다.

그러니까 국가는 특허제도를 통해 사람들이 발명을 더 많이 이용하도록 유도하고 싶은 것이다. 다만, 사람들이 발명을 많이 하려면 무언가 이득이 주어져야 한다. 그래서 발명을 보호해 주겠다는 뜻으로 독점권을 제시하는 것이다. 발명이 장려되도록 독점권을 주어 보호하고 그렇게 생긴 발명을 사람들이 이용하도록 도모하는 것이 특허제도의 목적이다. 그래서 발명의 이용 부분에 장려와 비슷한 의미지만 더 강한 뉘앙스를 가진 '도모한다'는 말을 사용하는 것이다. 왜 이용하라고 도모할까? '기술의 발전을 촉진하여 산업발전에 이바지'하여 세상이 더 좋아지도록 하기 위해서다.

이처럼 국가에서는 법조문에 써놓고 "제발 좀 특허를 이용하라고!!" 외치고 있다. 다만, 우리가 특허는 독점권이라는 사실에 신경 쓰느라 그 외침을 외면하고 있는 것이다. 이제 국가의 뜻을 알았으니 애국하는 마음으로 특허를 이용하자.

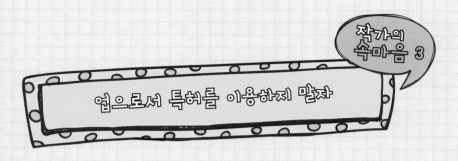

업으로서 특허를 이용하지 말자

노파심에서 다시 한 번 덧붙이자면, 등록된 특허를 '업으로서' 이용하면 안 된다. 제3자가 등록 받은 특허의 내용을 바탕으로 돈 버는 일을 하면 절대 안 된다. 정말 안 된다.

예를 들어, 맛집의 비밀을 특허에서 찾아내고 이를 이용해 음식을 만들어 보니 정말 맛있었다고 하자. 그래서 별 생각 없이 그 음식을 자신의 블로그에 올렸다. 그런데 인터넷 쇼핑몰 업체에서 그 요리 비법을 활용한 음식을 판매하자는 제안이 들어올 경우 판매를 하면 될까, 안 될까? 당연히 안 된다! 판매를 하면 명백한 특허권 침해다. '업으로서' 하는 행위이기 때문이다. 불법비디오에 나오는 호환마마보다 덜 무서울지 몰라도 엄연히 특허법을 위반하는 불법 행위이다.

한편의 비디오가 사람의 미래를 바꾸듯, 특허를 잘못 이용하면 미래가 바뀔 수 있다.

김치 담그는 날

- 강민석 -

갈색처럼 보이는 짙은 주황색 통

대야인지 다라이인지

뭐라고 부르는지 아무도 모른 채

그저 물을 담고 소금을 풀어놓는다.

하얀 소금 꽃이 투명해지는 걸 보니

내 투명한 마음속엔 하얀 눈꽃 색깔의 울음꽃가 생겼다.

하얀 울음꽃가 입 밖으로 나오려는 찰나

하얀 배추가 물 속으로 풍덩 하며

내 얼굴을 투명한 소금물로 감싸고

내 눈에 불투명한 따가움을 남긴다.

눈물 속으로 희미하게 보이는

새빨간 고춧가루는 하얀 무채를

거짓말처럼 새빨갛게 물들인다.

엄마가 떼어 준

빨간 무채를 오물오물 하는 찰라

갑자기 냄비 뚜껑이 열리고

하얀 안개 속에서

연한 살구색의 돼지고기가

부끄러움을 타고 있다.

난

돼지고기의 부끄러움을 감춰 주고 싶어

빨간 무채와 하얀 배추로

돼지고기에게 옷을 입혀 준다.

빨간 고춧가루와

하얀 무채와

연두색 배추와

살구색 돼지고기가

내 속에서 무지개를 그린다.

김치 담그는 날은 정말 좋은 날이다.

홈쇼핑에서
대박 난
김치의 비밀

한국의 대표적인 음식은 무엇일까? 전 세계 사람들에게 물어보면 단연코 가장 많은 대답은 '김치'일 것이다. (물론 아무 생각 없이 '강남스타일'이라고 답한 사람들도 꽤 많을 것 같다.) 우리는 이 김치를 매일 먹는다. 그래서인지 한국 사람들은 김치 없이는 살 수 없다고들 한다.

뭐시라? 한국 사람은 김치 없이 살 수 없다고? 한국 사람들의 DNA에는 김치의 특정 성분을 섭취하지 못하면 도저히 살 수 없는 무언가가 있는 것일까? 절대 아니다. 예전에는 사회 전반에 김치를 꼭 먹어야 하는 분위기가 있었는지 모르겠다. 하지만 요즘은 아니다. (나는 이런 얘기를 들을 때마다 그냥 애국심을 고취시키거나 한국 사람들의 소속감을 두텁게 하기 위해 만들어진 말 같다는 생각이 든다.) 한국 사람들은 김치 없이 살 수 없기 때문에 외국에 나갈 때도 김치를 챙겨간다고 생각하는 외국인들도 있다. 하지만 현실은? 내 주변에선 한 번도 본 적이 없다. 소주 챙겨가는 사람은 봤어도 김치 챙겨가는 사람은 못 봤다. 양파, 당근 싫어하는 초딩 입맛의 어른도 있는 것처럼 김치 안 먹는 한국의 어른들은 어디에나 존재한다. (🙂 이렇게 이야기하면 내가 김치를 싫어하는 사람 같아 보이지만, 난 김치를 좋아한다. 목마를 때면 라면과 깍두기, 묵은지와 고등어, 보쌈과 김치속을 생각하면서 입에 고인 침으로 갈증을 해소한다면 믿으시려나⋯.)

그래서일까? 요새는 김치를 직접 담가 먹는 사람이 줄었다. 대신 사먹는다. 필요할 때 먹을 만큼만 사서 먹으면 그만이다.

(🙂 "뭘 모르는 엄블 작가님! 김치 담그기 귀찮아서 사먹는 거라고요~" 라는 말이 내 귀에 들리는 듯하다. 엄블 독자님들이 귀찮아 한다는 걸 사회 현상으로 그럴싸하게 포장하려는 엄블 작가의 노력에 찬물을 끼얹지 마시라!!)

여전히 함께 김장을 하고 김치를 나눠서 집집마다 냉장고에 넣고 먹는 집도 있다. 다만, 내 어릴 적 기억처럼 모든 집이 김장을 하려고 애쓰지는 않는 것 같다. (🙂 다 모여 김장하는 집의 숫자에 비례해서 며느리들의 스트레스 지수도 높아지지 않을까? 그걸 풀고자 김치 냉장고가 잘 팔리는 것 같기도 하다.)

김장을 할까 말까⋯

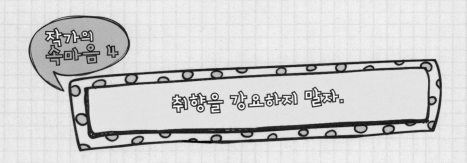

작가의 속마음 4

취향을 강요하지 말자.

애국심도 좋고, 김치를 먹으면서 우리가 한민족임을 생각하는 것도 좋다. 대한민국 국민이라는 소속감을 논할 때 음식 문화는 빼놓을 수 없는 부분이다. 하지만 문화가 강요되는 것은 옳은 일이 아닌 것 같다. 누구에게나 취향의 자유는 있기 때문이다.

김치를 먹는 것과 김치를 좋아하는 것은 다른 문제다. 우리 밥상에는 꼭 김치가 반찬으로 올라온다. 그런 환경이다 보니 우리들은 별 의식 없이 김치를 먹는다. 그런데 그게 좋아서 먹는 것일까? 우리는 왜 김치를 먹는 걸까? 엄특 독자님은 어떻게 김치를 먹게 되었는지 기억이 나는가?

나를 돌아보면 처음부터 김치를 좋아했던 게 아니다. 아주 어릴 때는 물에 씻은 김치를 먹었다. 그러다 물에 씻지 않은 김치를 먹게 된 계기가 있다. 유치원 때인 것 같다. 갑자기 물에 씻은 김치는 뭔가 밍숭맹숭 하다는 걸 느꼈다. 게다가 우리 누나는 물에 씻지 않은 빨간 김치를 먹어서 할머니, 할아버지께 칭찬을 들었다. 질 수 없다는 마음에 매운 걸 참아가며 먹었다. 그리고 칭찬을 들었다. 그렇게 나의 김치 섭취(?)의 역사는 시작되었다.

하지만 김치는 매웠다. 그래서 칭찬을 해주실 만한 어른들이 계실 때만 먹었다. 내가 좋아서 먹은 게 아니라 어른들 때문에 먹은 것이다. 그래도 그렇게 먹다 보니 김치는 먹을 만한 반찬이었다.

그러다가 중학교 때, 어머니께서 도시락 밥에 치즈 한 장을 얹어서 주신 적이 있다. 뜨거운 밥에 치즈를 올리고 도시락 뚜껑을 닫으면, 도시락을 먹을 때엔 치즈가 잘 녹아서 밥알에 노랗게 코팅이 된다. 느끼하다고 싫어하실 분들도 계시겠지만, 나는 밥과 치즈가 궁합이 잘 맞는다고 느꼈다. 치즈의 고소함과 밥의 구수함이 어우러지니 말이다. 그런데 김치는 이 고소함과 구수함의 시너지 효과에 찬물을 끼얹었다. 부모님의 완강한 결혼 반대에 밥과 치즈가 눈물을 머금으며 헤어지는 기분이랄까.

도시락을 먹으면서 김치에 배신감을 느꼈다. 치즈와 밥에 김치는 정말 상극이었다. (희한하게 볶은 김치와 치즈는 잘 어울린다.) 그때부터 나의 입맛은 피자와 스파게티의 나라 이태리를 향해 달려갔고 김치는 도시락에서 늘 남는 반찬이 되었다.

도시락에 김치를 남겨 가면 어머니께 늘 혼이 났다. 혼나지 않으려고 학교 화장실에 몰래 버리러 가다가 선생님께 걸려서 또 혼이 났다. 김치만 없으면 살 것 같다는 생각이 들기도 했다.

지금은 어떨까? 나는 김치를 좋아한다. 학창시절에 좋아하지 않던 김치가 왜 다 큰 성인이 되어서 좋아진 것일까? 어른이 되고 여러 음식을 접하다 보니 음식마다 고유의 매력적인 맛이 있다는 걸 알게 되었고 김치에서도 김치만의 맛의 매력을 찾게 되었던 것 같다.

나는 김치 맛에 매력을 느껴 좋아하게 되었지만, 김치 맛에 매력을 느끼지 못하는 사람들도 분명 있을 것이다. 김치를 싫어했던 시절이 있던 나로선 김치를 좋아하지 않는 사람들을 충분히 이해한다. 김치를 좋아하지 않으면 한국인이 아닌 걸까? 김치를 좋아해야만 한국 사람이라고 강요하지 말자. 취향의 자유는 존중되어야 한다.

구분	물량						금액			
	가정 생산		상품김치		합계		가정 생산		상품김치	합계
		비중(%)		비중(%)				비중(%)		비중(%)	
2007	817	64.6	447	35.3	1,265	11,442	54.5	9,560	45.5	21,002
2008	832	63.3	483	36.7	1,315	12,065	52.9	10,741	47.1	22,806
2009	789	61.8	487	38.2	1,276	11,914	52.5	10,767	47.5	22,681
2010	750	60.6	487	39.3	1,238	12,082	51.8	11,239	48.2	23,321
2011	744	60.4	488	39.6	1,231	12,124	50.9	11,682	49.1	23,806
2012	728	59.5	496	40.5	1,224	12,229	50.4	12,025	49.6	24,254
2013	764	60.0	509	40.0	1,273	12,840	50.8	12,428	49.2	25,268

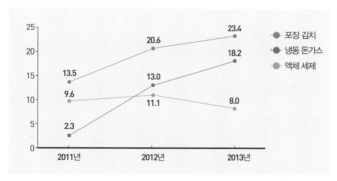

김치를 많이 사먹는다는 증거는, 홈쇼핑 베스트셀링 상품 상위권에 김치가 있다는 데서 나타난다. 이런 뉴스 들어봤을 것이다. 누구누구 연예인이 런칭한 김치가 대박 났다! 실제로 농협경제연구소가 발표한 자료에 따르면 우리나라 김치 시장은 계속 성장하고 있다. 업소에서 소비하는 김치뿐만 아니라 가정에서 소

비하는 김치 시장도 커지고 있다. 리테일 매거진에 따르면, 홈쇼핑에서 팔리는 식품 중 김치의 비중이 날로 늘고 있다.

과연 어떤 김치가 많이 팔렸을까? 네이X에게 한번 물어볼까? '홈쇼핑 김치 순위'라고 검색해 보자.

검색 결과를 살펴보니 매거진이라는 항목에 '연예인 홈쇼핑 베스트 5' 라는 기사가 있다. 클릭해 보니 홍진경 김치의 누적 매출액이 400억 원이라는 내용이 나온다.

2위 일찌감치 홈쇼핑 진출, 홍진경 '더김치'(2005년~) 4백억원

홍진경은 홈쇼핑 사업의 원조 격으로 손꼽힌다. 연예인 사업의 불모지이던 홈쇼핑에 2005년 처음 진출한 것도 바로 그녀. 오프라인에서의 성공을 바탕으로 홈쇼핑까지 진출한 그녀도 처음에는 쉽지 않았다. 슈퍼모델이라는 이미지와 김치가 잘 맞지 않아 방송 기회조차 잡을 수 없던 것. 우연히 CJ오쇼핑 임원의 눈에 띄어 첫 전파를 탄 뒤 지금까지 승승장구하고 있다. 홍진경 '더김치'의 누적 판매금은 4백억원이다.

<우먼센스 2012년 3월 기사 中>

얼마나 맛있기에 400억 원이나 팔렸을까? (2012년 기사니 지금은 더 팔렸겠지!?) 그 비밀이 궁금한가? 400억 원이나 팔린 비결을 비단 김치 맛으로만 단정할 수는 없다. 홍보 전략을 심오하게 기획

하고 그 전략을 실행할 수 있는 능력이 숨겨져 있을 것이다. ( 라고 추정하지만 연예인이기 때문이라고 생각하는 건 나뿐일까?) 하지만 홍진경 김치에 어떤 맛의 비밀이 숨겨져 있는지 궁금하지 않을 수 없다. 그 비밀을 알 수 있는 방법은 없을까? 있다. 엄특 독자께서 기대하시는 바로 그 방법이다. 특허를 찾아보는 것이다.

어떻게 찾아볼까? 앞서 말한 대로 네이X이나 스마트폰의 특허검색 앱을 이용하면 된다.

지금 책을 읽고 계신 엄특 독자님들이 컴퓨터 앞에 앉아 있을 것 같지는 않다. 하지만 옆에 스마트폰은 있을 것이니, 특허검색 앱으로 한번 찾아보자. 자~ 특허검색 앱을 실행하고 특허/실용신안 검색으로 들어가자.

검색창에 '홍진경 김치'라고 입력해 보자. 검색 결과를 보면 두 건의 특허가 나온다. 둘 다 노가리 육수를 이용하는 것이다. 첫 번째 특허 제목이 '노가리 육수를 이용한 김치 제조 방법 및 그 김치'이다. 오호~ 홍진경 김치의 비밀이 숨겨져 있는 특허다. 열어 보자.

특허 검색 앱

81

홍진경 김치의 비밀은 바로 노가리 육수를 이용하는 것이었다. 그런데 노가리 육수를 어떻게 김치에 이용한다는 걸까? 좀더 자세한 내용을 공고전문에서 확인해 보자. 공고전문 다운로드를 누르고 PDF파일을 읽어 보자.

홍진경 김치 특허의 청구항을 읽어 보면 노가리 육수를 제조한 후 육수와 고춧가루를 이용해 김치를 만드는 것이라고 나와 있다. 그러니까 김치에 노가리 육수를 넣는다는 말인데, 뭔가 좀 구체적이지 않은 느낌이다. 손가락으로 쓸어내려 공고전문의 나머지 내용을 자세히 읽어 보면 이런 의문점은 바로 해소된다.

자~ 이제 우리는 400억 원이나 팔린 김치 맛의 비밀을 알았

실시예

제1공정 - 소금간 맞추는 공정

배추를 깨끗이 씻은 후 배추를 반으로 갈라 머리 부분을 칼집을 내고, 소금물에 배추를 담갔다. 약 12시간 후에 배추를 꺼내 깨끗이 씻은 뒤, 채반에 쌓은 후 물기를 빼냈다.

제2공정 - 노가리 육수 제조 공정

노가리 中(중)자 20마리(마리당 약 20 내지 60g, 총 0.8Kg), 다시마 500g, 무 大(대) 5개(개당 약 700 내지 1,000g), 양파 3kg, 대파 2kg, 표고버섯 300g을 준비하여 흐르는 물에 깨끗이 씻은 후 물 100kg과 함께 상기 재료들을 모두 넣을 수 있는 큰 솥에 넣었다. 이렇게 준비된 혼합물을 중불에서 약 5시간 정도 가열하여 솥의 재료를 원래 양의 약 80% 정도가 될 때까지 졸였다. 가열 중간에는 처음 시작 때보다 약간 약한 불로 가열하였다. 건더기를 제거하고 식혔다가 육수만을 분리하여 노가리 육수를 완성하였다.

표 1은 육수 제조시 실제로 들어간 재료의 양을 정리한 것이다.

[표 1]

재료	양(kg)
물	100.0
노가리	중자 20마리 약 0.8
다시마	0.5
무	4.0
양파	3.0
대파	2.0

제3공정 - 버무리기 공정

제2공정의 노가리 육수 적당량과 고추가루, 쪽파, 양파즙, 무즙, 찹쌀풀, 마늘, 갓, 생강, 무채, 소량의 젓갈을 함께 섞어 양념속을 만든 후 상기 제1공정에서 소금에 절인 배추를 이용하여 통상의 방법으로 배추김치를 완성하였다.

이렇게 제조된 노가리 육수를 이용하여 김치를 담구어 시식한 결과, 노가리 육수 맛이 김치에 배어서 노가리 특유의 시원한 풍미를 느낄 수 있었으며, 영양학적 관점에서도 매우 우수한 김치를 제조할 수 있었다.

다. 대박 난 맛의 비밀을 알려 줬으니 엄특 작가에게 고마운 마음이 드는가? 너무 고마워할 필요 없다. 더 나은 삶을 위해 엄특 작가의 책을 선택해 준 엄특 독자에게 내가 더 감사하다. 이 책을 사줬으니 말이다. 도서관에서 빌려 보는 거라고? 그래도 괜찮다. 엄특 작가는 대인배여서 언제든 엄특 독자들의 꿈을 응원할 테니까~ 물론 책을 사서 보시는 게 더 좋긴 하다.

그런데 혹시 이런 생각을 하는 엄특 독자들도 있겠다. "김치 맛의 비밀을 알면 뭐해! 어차피 사먹는걸~" 걱정 마시라! 당신이 절대 김치를 담그지 않는다 하더라도 알아서 손해 볼 일은 없다. 김장을 위해 일가 친척들 다 모인 자리에서 400억 원 팔린 김치의 비밀을 이야기하면 사랑받는 며느리가 될 수도 있을 테니까 말이다.

물론 일가 친척들이 모인 자리에서 김치 맛 비밀을 이야기하고 집에서만 담가 먹는 걸로 끝내야 한다. 만약 이야기를 듣던 친척분들 중 그 비밀을 이용해 김치를 팔겠다는 분이 나온다면 어떻게 해야 할까? 사랑받는 며느리로서 사랑스럽게 뜯어말리시라. 400억 원 팔린 김치의 비밀은 아쉽게도 특허권이 살아 있다. 앞서 특허 검색 결과 화면을 보면 등록 상태에 '등록' 이라고 기재되어 있는 게 보인다. 특허가 등록 상태이기 때문에 그 비밀은 홍진경 씨만이 업으로서 이용할 수 있는 독점권이다.

나는 두 아이의 아빠다. 건강과 경제력이 허락한다면, 자녀가 조금 더 있었으면 좋겠다는 바람도 있다. 아이들과 함께 있으면 왠지 모르게 좋다. 간혹 아니 자주 통제가 안 되어서 열 받기도 하고, 뉴스에 나오는 흉측한 소식에 겁나기도 하고, 제대로 키울 수 있을까 걱정도 많다. 하지만 아이들과 생각이 통하는 그 순간의 느낌이 좋다. 사랑을 주고 위해 주는 만큼 돌려 주는 게 아이들인 것 같다. 아니, 내가 주는 것보다 더 돌려 주는 게 아이들이다. 해맑은 눈동자로 내 품에 달려들면, 몸은 고통으로 울부짖지만 마음은 포근해진다.

아직 덜 키워봐서 속 좋은 소리 한다고 여기실 수도 있겠다. 틀린 말은 아니다. 아이들이 중학교에 가고 고등학교, 대학교에 가도 나와 생각이 통할까? 가뜩이나 센스가 부족하다고 마눌님에게 타박을 받으며 사는데, 아이들을 이해할 수 있는 아빠가 될 수 있을지 미지수이긴 하다. 그래도 노력할 것이다. 아이들의 기억 속에 친구처럼 쉽게 이야기 나눌 수 있는 아빠로 남고 싶다.

내가 아이를 좋아하게 된 건 100% 후천적이다. 선천적으로 처음부터 좋아했던 게 아니다. 마눌님이 첫째를 임신하고 열 달 동안 좋은 아빠가 어떤 아빠인지에 대해 아주 가끔, 새 발의 피 정도로 생각해 봤었다. 진정 좋은 아빠라면 아이가 태어나면 어떻게 해줄지 많은 준비를 했겠지만, 나는 그렇지 못했다. 아이를 처음 봤을 때 친척분들은 예쁘다고 난리였지만, 난 솔직히 어디가 예쁜지도 몰랐다. 피는 물보다 진하다며 자기 아이는 특별해 보인다는데, 난 그렇지 않았다. 아이를 안고 있으면 그냥 아기를 안고 있는 느낌이지, 내 아이라고 뭔가 특별한 느낌이 드는 것도 아니었다.

그래도 아빠라는 의무감에 무언가 하긴 해야겠다는 생각은 있었다. 그래서 한 일이 내 아이의 이름을 직접 지어 주는 것이었다. 마눌님의 산후조리원이 마침 대형 서점 맞은편이었다. (지금은 그 산후조리원이 없어졌다.) 그래서 퇴근길에 대형 서점에 들러 작명 책을 샀다. 마눌님이 미역국에 밥 말아 먹을 때, 나는 옆에서 그 책을 읽었다. 책을 보면서 이름 짓는 것에 음양오행의 원리가 있다는 걸 알게 되었고, 이름 지을 때 사용되는 한자가 따로 있다는 것도 알았다. 한자를 잘 몰랐지만, 다행히 부록에 이름 지을 때 쓸 수 있는 한자가 나와 있었다. 책에 나온 원리와 부록의 한자를 이리저리 조합해 보면서 첫째 아이의 이름을 지었다.

그러고 나니 내가 좋은 아빠가 된 듯한 기분이 들었다. 이후 둘째 이름도 내가 지어 줬다. 만약 셋째가 생긴다면 그 아이 이름도 내가 지어줄 테다. 다만, 작명 책은 다시 사야 한다. 이름을 지을 때 태어난 해에 따라 달라지는 부분이 있는데 내가 그걸 계산할 줄 모르기 때문이다. 내가 샀던 책에는 연도에 따른 계산이 다 되어 있었지만, 아쉽게도 셋째가 태어날 미래의 해는 계산이 되어 있지 않다. (다행히 둘째까지는 써먹을 수 있었다.)

책을 안 사고 이름 짓는 방법은 없을까? 인터넷을 뒤져 보면, 이름 짓는 프로그램이 떠돌아 다니긴 한다. 하지만 제대로 쓰려면 돈을 내야 한다는 안타까운 현실! 그런데 우리는 지식의 보고

특허에서 찾은 아이 이름 풀이방법

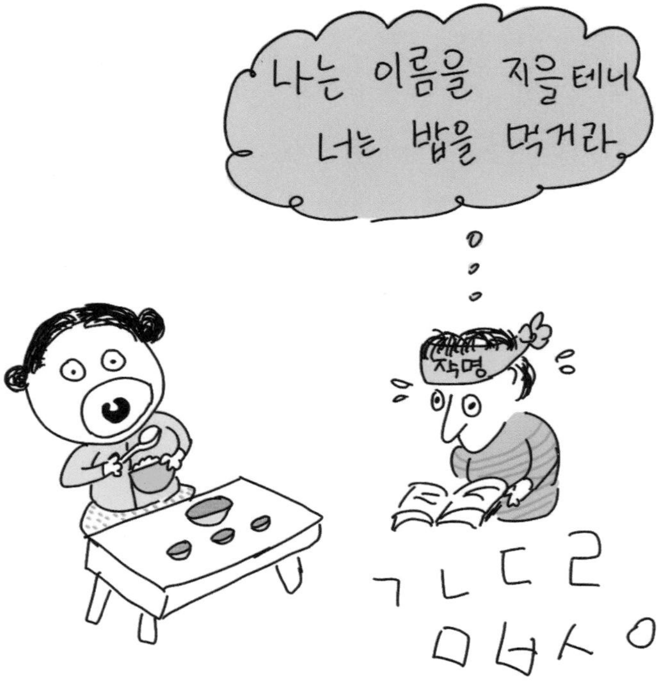

인 특허를 알고 있다. 특허에서 모든 해결책을 찾을 수는 없지만, 참고할 만한 방법도 제법 나온다. 그러니 엄특 독자님들께 특허를 이용하라고 하는 것 아닌가!

이름과 관련된 특허는 없을까? 없었다면, 내가 이 글을 썼겠는가? 당연히 있다. 다만 이름 짓는 방법이 쓰인 작명 책처럼 이해하기 쉽게 상세히 설명된 것은 아니다. 그래도 이런 것까지 특허에 있다니 놀랍지 않으신가?

세상에는 참 많은 사람들이 산다. 그 많은 사람들이 얼마나 다채로운 생각을 갖고 있는지는 특허를 보면 느낄 수 있다. 다만 다채로운 생각들 중에서 특허로 등록되는 것은 많지 않다. 특허는 자연법칙에 따라 산업상 이용 가능한 것만 등록되기 때문이다. 그래서 이름 짓는 원리는 특허로 등록될 수 없다. (물론 이름 짓는 원리를 이용한 컴퓨터 시스템이나 인터넷 서비스와 같은 발명은 특허로 등록될 수 있다.)

특허에는 특허권으로 등록될 수는 없지만 만인이 이용하도록 열린 지식으로 남아 있는 것들이 정말 많다. 그리고 그런 지식들을 잘 모으면 생활에 유용하게 이용할 수 있다. 이름에 대한 특허도 그 중 하나다.

그럼 한번 찾아볼까? 지금 들고 계신 스마트폰을 열어 특허 검색 앱을 실행해 보자.

특허 검색 앱

　이름을 지을 때 음양오행을 이용한다고 했으니 검색창에 '이름
음양오행'이라고 넣고 검색해 보자.

　검색 결과를 보면, 제일 처음에 주역으로 성명을 해석하는 방
법이 나온다. 한번 열어 보자.

　초록에는 이름을 풀어 보는 단계들이 써 있지만 구체적이지
않아 자세한 내용을 알기 어렵다. 우리는 좀 더 자세한 걸 원한
다. PDF 아이콘을 눌러 공개전문을 열어 보자.

　공개전문의 배경기술 부분에 기존 성명학의 해석 방법에 대한
설명이 나온다. 간단히 살펴보면 먼저 이름을 구성하는 한글이나

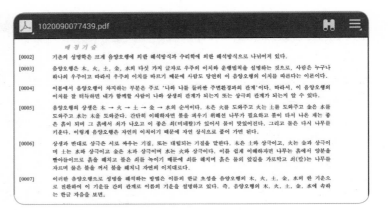

1020090077439.pdf

배경기술

[0002] 기존의 성명학은 크게 음양오행에 의한 해석방식과 수리학에 의한 해석방식으로 나뉘어져 있다.

[0003] 음양오행은 木, 火, 土, 金, 水의 다섯 가지 글자로 우주의 이치와 운행법칙을 설명하는 것으로, 사람은 누구나 하나의 우주이고 따라서 우주의 이치를 따르기 때문에 사람도 당연히 이 음양오행의 이치를 따른다는 이론이다.

[0004] 이름에서 음양오행이 차지하는 부분은 주로 '나와 나를 둘러한 주변환경과의 관계'이다. 따라서, 이 음양오행의 이치를 잘 터득하면 내가 함께할 사람이 나와 상생의 관계가 되는지 또는 상극의 관계가 되는지 알 수 있다.

[0005] 음양오행의 상생은 木 → 火 → 土 → 金 → 水의 순서이다. 木은 火를 도와주고 火는 土를 도와주고 金은 水를 도와주고 水는 木을 도와준다. 간단히 이해하자면 불을 피우기 위해선 나무가 필요하고 불이 다서 나온 재는 좋은 흙이 되며 그 흙에서 쇠가 나오고 이 좋은 쇠(미네랄)가 있어야 물이 맛있어진다. 그리고 물은 다시 나무를 키운다. 이렇게 음양오행은 자연의 이치이기 때문에 자연 상식으로 풀어 가면 된다.

[0006] 상생과 반대로 상극은 서로 싸우는 기질, 또는 대립되는 기질을 말한다. 木은 土와 상극이고, 火는 金과 상극이며 土는 水와 상극이고 金은 木과 상극이며 水는 火와 상극이다. 이를 쉽게 이해하자면 나무는 흙에서 양분을 빨아들이므로 흙을 해치고 불은 쇠를 녹이기 때문에 쇠를 해치며 흙은 물의 앞길을 가로막고 쇠(발)는 나무를 자르며 물은 불을 꺼서 불을 해치니 자연의 이치대로다.

[0007] 이러한 음양오행으로 성명을 해석하는 방법은 이름의 한글 초성을 음양오행의 木, 火, 土, 金, 水의 한 기운으로 전환하여 이 기운들 간의 관계로 이름의 기운을 설명하고 있다. 즉, 음양오행의 木, 火, 土, 金, 水에 속하는 한글 자음을 보면,

한자의 획수를 따진다. 그리고 그에 따라 원격, 형격, 이격, 정격이라는 것을 계산하고 정해진 해석을 보는 것이다. 내가 본 작명 책에서 몇 페이지에 걸쳐 설명되는 내용이 특허에도 나온다. 작명 책처럼 이름 짓는 방법이 완벽히 설명되진 않았지만, 이름을 해석하는 방법을 되짚어 보면 좋은 이름을 골라낼 수 있다.

그리고 발명의 내용 부분에 주역의 괘에 따라 이름을 해석하는 방법이 나와 있다. 여기서 예로 든 것이 대통령 이름이다. 궁금하시면 공개전문을 한번 잘 읽어 보시길~ 그 분은 이름 덕에 대통령이라는 지위에 오를 운명을 얻은 것이었을까? 나도 참 궁금하다.

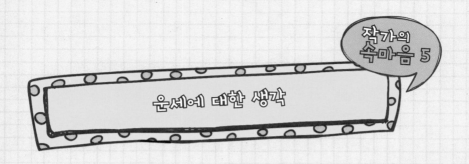

운세에 대한 생각

엄특 독자님들은 운이 좋은 편이신가?

별로 그런 생각 안 하고 살아가시는가?

운이 좋다는 건 어떤 의미일까? 내가 예상했던 것보다 일이 잘 풀린다는 뜻
이다. 길을 가다 바닥을 봤는데 돈을 발견했다면! 빙판길에 미끄러져 나에게
달려오는 자동차를 미처 피하지 못했는데 마침 내 앞에 서 있는 전봇대가 나
대신 자동차와 부딪쳐 기적적으로 살았다면! 이처럼 예상치 못했던 일의 결
과가 나에게 좋게 작용한다면 운이 좋다고 이야기한다.

운에 대해 별다른 느낌이 없으신가? 운을 별로 염두에 두지 않고 살아간다
면, 내가 예상했던 대로 일이 되고 있는 것이다. 일의 결과가 내 예상 범위
내에 있으니 생각대로 일이 풀린다는 말이다. 생각대로 된다는 건 내가 조절
할 수 있다는 뜻이다. 내 생활을 내 생각대로 할 수 있다니 이것만큼 좋은 게
또 있을까? 또 안 좋은 일도 그만큼 없다는 반증이다. 정말 좋은 일 아닌가?
운에 대해 별 느낌이 없으시다면, 축하드린다!

운이 나쁜 편이신가? 운이 나쁘다는 건 어떤 의미일까. 예상보다 일의 결과
가 좋지 않다는 뜻이다. 왜 그럴까? 내가 잘 모르는 것이 있어 예상대로 일

이 되지 않은 것이다. 이런 경우라면 잘 몰랐던 부분을 배우면 된다. 배움의 시간을 보내고 나면 잘 알게 되고 그때부터 제대로 하면 된다.

그런데 돌발상황이 생겨 일의 결과가 별로일 때도 있다. 길을 걷는데 날아가는 새의 하얀색 분비물이 포물선을 그리며 하필 내 머리 위로 떨어지면 어떨까? 예상치 못한 일이 생겼고 우리는 운이 안 좋았다고 말한다. 이럴 땐 반응이 중요하다고 생각한다. 새똥으로 액땜 했으니 나쁜 일이 비켜간 거라고 여기거나, 새똥 맞은 기념으로 로또를 사보면 좋지 않을까? 예상치 못한 일로 안 좋은 결과를 얻었지만, 마음만이라도 좋아지자는 거다. 좋은 마음들이 모이면 그만큼 운 좋은 일도 더 모이지 않을까?

운세를 볼 수 있다는 건 왠지 신내림
이라도 받은 선택된 사람들의 특별한 능력일 것 같지만, 카드만
해석할 수 있어도 운세를 점칠 수 있는 타로도 있지 않은가. 그렇
다면 혹시 운세에 대한 특허는 없을까? 분명히 있을 것 같다.

마법의 수정구슬을 사용하면
미래를 볼수 있습니다.
참~쉽죠?

특허 검색 앱

열심히 찾아본 결과 한 가지 특허가 눈에 띄었다. 어떻게 찾았는지 살펴보자.

특허 검색 앱을 열고 '개인 운세'라고 입력해 보자.

검색 결과 세 번째에 과학적 개인 운세 진단 시스템이라는 특허가 있다. 이걸 한번 열어 보자.

초록을 보면 특허의 대략적인 내용을 알 수 있다. 개인의 미래 운세에 영향을 줄 수 있는 분야에 대해 90가지 설문을 하고 설문 결과를 토대로 운세 점수를 내는 것이다. 생년월일이나 태어난 시간을 물어 보는 기존의 운세와는 다른 객관적인 방법인 것

1020070012099.pdf

표2-2 가족 운

질문 번호	진단 내용	질문 내용
1	공통관심사	1. 함께 즐길 수 있는 운동 또는 취미가 있어 많은 시간을 같이 보내는 편입니까?
2	관심과 배려	2. 가족 구성원들 간에 서로의 일에 관심이 많으며 시간과 도움을 주며 서로 배려하는 편입니까?
3	우애	3. 가족 구성원들 간에 서로 잘 어울리며 사랑과 애정이 풍만합니까?
4	상호부조	4. 가족 구성원들 간에 어려운 일이 있을 시 내일처럼 서로 잘 도와주며 우애를 주고받습니까?
5	존중 또는 애의	5. 가족 구성원들 간에 서로 존중하며 상대방을 예의로 대합니까?
6	건강	6. 가족 구성원들이 건강하여 당신에게 손해를 끼치는 일이 있습니까?
7	분쟁해결	7. 가족 구성원들 간에 분쟁이 생겼을 시, 이를 건전하고 무난히 해결할 수 있는 룰이나 방법들이 있는 편입니까?
8	재산 또는 수입	8. 가족 구성원들 대다수가 가정 경제를 원만히 꾸려나갈 정도의 재산 또는 수입이 있습니까?
9	교류	9. 가족 구성원들 간에 서로 잘 어울리며 빈번한 교류가 이루어집니까?
10	가족의 평균 수명	10. 가족 구성원들 대부분이 평균 수명 이상을 누리며 장수하고 있습니까?

같다. 실제로 특허 전문을 살펴보면, 질문 사항과 점수 집계 방법, 집계된 점수에 따른 해석이 나와 있다.

그런데 이 특허, 이용하기엔 뭔가 아쉽다. 누구 운세 봐주기엔 폼이 안 난다는 말이다.

분위기 좋은 카페에 맘에 드는 사람과 함께 있다. "제가 운세 좀 봐드릴게요." 하면서 캐러멜 마끼아또가 놓인 테이블에 90개의 질문이 인쇄된 종이를 펼쳐 놓는다. 상대방이 90개의 질문에 모두 답할 때까지 지켜본다. 답을 다 적으면 볼펜과 계산기를 꺼내고 점수를 계산한다. 그러는 동안 캐러멜 마끼아또는 식어간다. 옆 테이블에선 어떻게 보일까? "고객님 서명하시죠~" 소리만 없을 뿐 보험 계약하는 것 같을 것이다. 매력 하한가 치는 소리가 들리는 듯하다.

　이 특허는 운세를 보는 목적보다는 내가 어떤 사람인지 객관적으로 평가해볼 때 활용해볼 만하다.

　사람들은 새해가 되면 토정비결을 많이 본다. 나 또한 재미 삼아 무료로 한번 볼 생각으로 인터넷을 뒤진 적이 있었다. 그러다가 올해 운세를 알고 싶으면 토정비결 보지 말고 5년 전 일기를 보라는 글에 뜨끔했다. 5년 전 일기를 보라는 건 5년 전 내가 했던 일들이 지금의 나에게 영향을 미치기 때문이다. 과거의 모든 순간들이 쌓여 나의 미래를 만드는 것이니 말이다. 그리고 미래를 위해 오늘 일기를 쓰라고 했다.

　꼭 일기까지 쓸 필요는 없다. 그래도 오늘 내가 하는 일이 훗날의 내 모습을 형성하리란 생각은 가질 필요가 있다. 그러니 오늘을 열심히 살자.

　엄특 독자님들~ 운세는 재미로만 보세요!

엄특 독자님들은 서점에 자주 가시는가? 독서의 중요성이 강조되면서 아이들에게 책을 많이 읽히는 게 유행이다. (정작 어른들은 책을 읽지 않는다. 아! 물론 엄특 독자님들은 빼고 말이다.) 아이들은 서점에 가면 항상 즐거워한다. 책에 대한 선입견이 없어서인지 읽고 싶은 책을 쉽게 고른다. 서점에 자주 가는 것만으로도 아이들은 쉽게 책과 친해질 것 같다.

대형 서점은 보통 아이들 책 코너 옆에 중고생 참고서 코너가 있다. 그리고 그 옆에 영어, 일본어, 중국어 교재들이 있다. 아이들이 책과 친해지면 이를 바탕으로 학업에 힘쓰고 더 나아가 외국어를 배워 글로벌한 인재로 커 나가라는 서점 관계자의 뜻인가 보다.

특허에 늘 관심이 있다 보니 서점에 가도 '특허 받은' 책들이 눈에 잘 띈다. 특히 영어 교재에 '특허 받은 ○○○'이라는 제목이 많다. 그렇다면 '특허 받은' 방법은 우리가 흔히 해오던 공부 방법과 무엇이 다를까?

궁금하면 '특허 받은' 공부법 책을 사서 보면 될 일이다. 그런데 특허란 만인에게 공개된 정보이다. 그렇다면 특허에서 손쉽게 찾아보자.

책에는 저자가 있기 마련이다. 우리가 궁금해하는 그 공부법의 특허는 누가 받았을까. 출판사? 편집장? 아니다. 당연히 책을 쓴 저자가 받았을 것이다. 그럼 특허 찾기가 쉬워진다. 출원인이나 발명인 이름을 입력해서 찾으면 되니 말이다. (😎 동명이인에 주의하시라.)

지금 서점에서 엄특 책을 읽고 있다면, 외국어 코너로 가서 '특허 받은' 책들을 한번 살펴보시라. 마음에 드는 게 있다면 한 권 구입하시는 것도 나쁘지 않다. (😎 당연히 엄특 책도 함께 구입하시리라 믿는다.) 지금 도서관에 있다면, 외국어나 교육 방법이 있는 서가로 가서 '특허 받은' 책들을 살펴보시라. 한 권 빌려보시는 것도 좋다. (😎 아! 당연히 엄특 책도 빌려보시리라 생각한다.) 어디서든 '특허 받은' 책을 발견했다면 작가의 이름을 메모해 놓으시라.

지금 서점도 아니고 도서관도 아니어서 '특허 받은' 책을 접할 수 없다면, 스마트폰을 꺼내 인터넷 검색을 하면 된다. 네이X나 예스○○에 가서 '특허 받은'이라고 검색하고 책 검색 결과를 살펴보면서 작가의 이름을 메모해 놓으시라.

어떤 이름들이 메모되었나? 그분들은 아마도 영어

특허 검색 앱

를 굉장히 잘하는 분들일 것이다. (나는 영어를 무척 잘하고 싶기에 이 분들이 무척 부럽다.) 나는 이재권 작가님을 메모했다. (이분과 나는 아무런 관계가 없다. 특허를 다른 말로 지재권이라고 해놓았기에 눈에 띄었다.) 그럼 이분의 공부 방법은 무엇일까? 특허를 찾아보자.

특허검색 앱을 실행하고 특/실 검색에서 '이재권 영어'라고 검색해 보자.

첫 번째 뜨는 결과가 동사구를 활용한 영어 말하기 학습법이다. 친절하게도 도면이 나와 있다. 예문을 소리 내어 읽고 한글로 제시되면 영어로 바꿔 말해 보면서 문장을 서서히 늘려간다.

따라 하기 쉬운 방법이다. 특허 전문을 열어 보면 아시겠지만, 공부 방법이 나와 있는 것이지 영어 예문들이 담겨 있는 건 아니다. 그러니 이 방법으로 진지하게 공부해 보겠다면 책을 구입하는 게 좋겠다. 다만 학창 시절에 영어 공부하려고 모아 두었던 문장들이 있다면 이를 활용해도 될 것 같다.

아이들에게 이 방법을 적용하고 싶으신가? 집에서 혼자 하시라. 아직 특허권이 살아 있는 등록 상태니 말이다.

이제 '특허 받은' 공부 방법을 쉽게 찾아볼 수 있게 되었으니, 다른 저자의 특허도 찾아보고 좋은 점들만 뽑아 나만의 공부 방법을 새롭게 만들어 보는 건 어떨까?

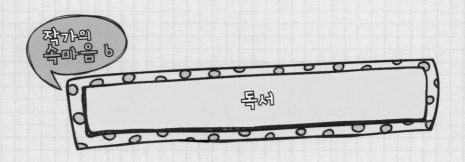

독서

책 읽기는 왜 중요할까? 나는 두 가지를 말하고 싶다.

하나, 문자 습득 기능을 단련하기 위해서다. 까막눈도 아닌데 무슨 소리냐고? 무슨 말도 안 되는 소리냐고 타박하실 것 같다. 글자를 읽을 줄 아는 것과 글에서 의미를 이해하는 능력은 전혀 별개의 능력이다. 글자만 읽을 줄 안다고 그 글을 이해할 수 있는 게 아니란 말이다.

글 읽기를 등한시 하면 글자는 읽을 수 있으나 그 의미가 머릿속에 남지 않는다. 흔히 어르신들이 이런 이야기를 한다. 신문 기사를 읽었는데 뒤돌아서면 까먹는다고. 이것은 글자를 읽을 때 그 소리는 뇌가 인식하지만, 내용은 해석하지 않고 있는 것이다. 왜 그럴까? 글의 의미를 해석하는 신경 세포가 활성화되지 않기 때문이다. 왜 활성화되지 않을까? 사용하지 않았기 때문이다. 그러니 책을 꾸준히 읽으면서 신경 세포가 활성화되도록 자극을 계속 줘야 한다. 안 그러면, 나중에 정말 후회하게 될지도 모른다.

둘, 대화 중에 상대방의 의중을 파악해야 할 필요가 많아지기 때문이다. 이런 능력은 사람들과 많이 만나다 보면 생길 수 있지만 독서를 많이 하면 쉽게 얻어진다.

왜 독서를 하면 그런 능력이 생길까? 작가가 글을 쓰는 시점은 독자가 글을 읽을 때보다 항상 과거다. 독자가 글을 읽을 때의 상황과 작가가 글을 쓸 때의 상황은 항상 시차가 있다는 말이다. 그래서 독자는 작가가 글을 쓸 때의 상황을 어렴풋이 염두에 두고 읽기 마련이다. 그리고 이 어렴풋이 염두에 두는 능력은 독서를 많이 할수록 좋아진다. 상대방의 상황을 이해하고 생각을 파악하는 능력이 자연히 생긴다는 뜻이다.

이렇게 생긴 능력은 현실에서 다른 사람과 이야기를 할 때 그 사람의 상황과 생각을 염두에 두는 것과 연결된다. 그러면 상대방과 더 깊은 이야기를 할 수 있다. 심지어 상대방의 의도를 꿰뚫어 볼 수도 있게 된다. 이런 능력이 있다면 삶이 보다 풍성해질 것은 불 보듯 뻔한 일이다.

책을 꾸준히 읽으면서
신경 세포가 활성화되도록
자극을 계속 줘야 해

전문가처럼 특허 찾는 방법 1

특허를 이용하려면 어떻게 해야 한다고 했는지 기억나시는가? 인터넷을 이용하는 것과 똑같다고 했다. 먼저 검색을 해야 한다. 인터넷 검색을 하듯 네이X와 같은 사이트를 이용하면 특허를 검색할 수 있다. 스마트폰에서 특허 검색 앱을 이용해도 된다. 하지만 이건 어디까지나 아마추어의 수준이다. 여기까지 책을 읽어 온 엄특 독자라면 이제 프로의 세계를 맛 볼 때가 되었다. ( 아직 아닌 것 같다고? 에이~ 아마추어처럼 왜 그러셔~)

특허의 범위는 생각보다 광활하다. 넓은 해변가에서 바늘을 찾으려면 어떻게 해야 할까? 그냥 눈으로 찾다가는 절대 원하는 걸 찾을 수 없다. 큰 자

잠깐만요, PRO로 빼신다고~

바늘이 어디에 있을까...

해변에서
바늘을
쉽게 찾는
방법은?

석이라도 있으면 그나마 쉬워질 것이다. 특허 검색도 마찬가지다. 원하는 것을 좀 더 쉽게 찾으려면 네이X 보다는 특허 검색 사이트에서 찾는 것이 보다 효율적이다. 특허라는 넓은 해변가에 던져진 엄특 독자들께 이제 큰 자석을 이용해 바늘 찾는 방법을 알려드리겠다.

특허 검색 사이트는 어떻게 들어갈까? 우리는 어디서든 인터넷을 활용할 수 있는 멋진 세상에 살고 있다. 모르는 게 있으면 검색해 보면 된다. 당장 네이X에게 물어보자.

네이X에 '특허 검색'을 입력하면 가장 먼저 특허정보검색서비스라는 사이트가 뜬다. 우리가 특허라는 해변에서 사용할 자석이 바로 이거다. 특허정보검색서비스로 이동해 보자.

특허정보검색서비스의 이름은 키프리스다. 키프리스는 특허청 산하기관에서 운영하는 국내의 대표적인 특허 검색 사이트다. 첫 화면의 느낌이 어떤가? 아기자기하지만 뭔가 좀 복잡한 듯도 하다. 우리가 흔히 보는 네이X와는 좀 다르지만 눈에 가장 잘 띄는 곳에 검색창이 있다는 점에선 네이X와 비슷하다. 네이X도 그렇고 키프리스도 그렇고, 검색하기 위해 만들어진 곳이니 당연히 검색창이 가장 눈에 띄는 곳에 있다.

지금은 정보화 시대다. 정보 검색을 잘해야 살아남는 시대란 말이다. 앞서 이야기했듯 인터넷을 쓰려고 해도 검색해야 하고 특허를 이용하려고 해도 검색해야 한다. 정보 검색 능력은 앞으로 점점 더 중요해질 것이다. 남들이 네이X만 뒤지고 있을 때 엄특 독자인 당신은 특허 정보까지 검색할 수 있다. 얼마나 좋은 일인가! 그러니 조금 재미없을지라도 차근차근 읽어보시길~

무엇을 찾고 싶은가? 찾고 싶은 것을 찾으면 된다. 앞서 살펴본 400억 원 넘게 팔린 홍진경 김치를 다시 찾아볼까? 키프리스 검색창에 '홍진경 김치'를 검색해 보자.

검색 결과를 보면 특허 외에도 여러 가지가 함께 검색되어 나오는 것을 알 수 있다. 홍진경 김치는 특허 2건 외에도 상표 3건이 검색되어 나온다. 스크롤을 내리면 보인다.

모니터에 나온 검색 결과는 왠지 전문가처럼 보이긴 한다. 하지만 찾는 방법은 그다지 전문가답지 않다. 네이X나 스마트폰 앱으로 검색하는 것과 다를 게 없지 않은가! 이 정도에서 만족할수는 없다. 이래서는 해변가에서 맨눈으로 바늘 찾는 것과 다름없다. 그렇다면 어떻게 해야 할까?

키프리스 검색 화면에 보면 스마트 검색이라는 것이 있다. 전문가처럼 찾으려면 이 스마트 검색을 이용해야 한다. 우리는 특허를 찾을 것이니 특허 실용신안 검색창에서 해보자. 첫 화면 상단 메뉴에서 특허 · 실용신안을 선택하면 특허 · 실용신안 검색화면이 나온다. 여기서 스마트 검색을 클릭해 보자.

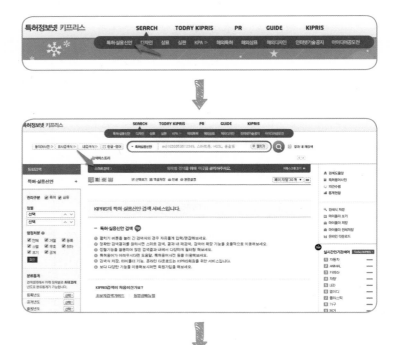

　스마트 검색창을 열면 좀 복잡한 화면이 나온다. 전문가처럼 검색을 할 것이니 조금 복잡해 보이는 건 이해하고 넘어가자. 그리고 각 항목을 이해하고 나면 그다지 복잡할 것도 없다. 검색 화면이 복잡한 이유는 효율적인 검색을 위해서다. 복잡하게 꾸며 놓고 효율적으로 하기 위해서라니 뭔가 좀 앞뒤가 안 맞는 것 같지만 사실이다. 왜냐고? 그건 찾는 행위를 관찰해 보면 알 수 있다.

　우리가 뭔가를 찾는 과정을 살펴보자. 괜찮은 식당을 찾는 경우, 먼저 식당을 찾는 이유를 알아야 한다. 부모님과의 가족 모임인지, 오랜만의 오붓한 데이트인지, 식당을 찾는 이유는 여러 가지일 것이다. 각각의 이유에 따라 찾는 대상이 달라진다. 이유가 정해졌다면 찾을 수단을 정하게 된다. 네이X나 SNS를 이용할 것인지, 아는 사람에게 수소문할 것인지. 그 이후엔 각각의 수단에 맞는 방법을 쓴다. 네이X를 이용한다면 검색창에 입력할 단어를 생각할 것이고, SNS나 아는 사람에게 수소문한다면 누구에게 뭐라고 물을지 생각할 것이다. 그러고 나면 찾은 결과를 검토한다.

특허를 찾는 과정은 어떨까? 우리에게 무작정 특허를 찾을 일은 생기지 않는다. 식당을 찾는 것처럼 특허를 찾는 이유가 있고 그 이유에 따라 찾는 수단을 결정하게 된다. 그 수단은 네이X나 키프리스 아니면 또 다른 특허 검색 도구가 될 수 있다. 찾는 수단을 정했으면 각 수단에 맞는 검색어를 정한다. 그리고 검색 결과를 검토한다.

이처럼 식당을 찾든 특허를 찾든 뭔가를 찾는 과정은 비슷하다. 이 과정에서 결정적으로 우리를 미치게 하는 게 있다. 마음에 드는 결과가 없다면 찾는 과정을 무한 반복한다는 사실이다. 이걸 흔히 Try & Error라고 한다. (공대 출신이라면 아마 치가 떨리는 단어일 것이다.)

맛집 찾기 VS 특허 검색

맛집 찾기

① 왜 찾는가?
맛있게 먹으려서 손님접대 분위기 생신
데이트 가족모임 상견례

② 검색 수단 선정
NAVER facebook
친구 카톡 메뉴판

③ 질문, 검색어 만들기
강남 맛집 추천맛집
식당후기
너 거기 가봤어?

④ 검색

⑤ 결과 검토

특허 검색

① 왜 찾는가?
맛집 비밀 특이한 요리
아이에게 줄건것? 부업아이템

② 검색 도구 선정
NAVER Google
KIPRIS
유료서비스

③ 검색 키워드 선정
자동차 김치 맹꽁 가방
교육 가방 금연 간편
스파게티 카톡피 분노

④ 검색
특허

⑤ 결과 검토
☑ 가나다라
☐ ABCDE
☐ ㅎㅇㅇㅣㅗㅜ

마음에 들때까지 반복 TRY&ERROR

그나마 식당 찾기는 Try & Error가 좀 덜하다. 하지만 특허는 찾아야 할 대상이 엄청나다. 특허청에서 발행하는 지식재산통계 연보에 따르면, 2013년 기준으로 개인의 특허 출원량은 38,356 건, 법인의 특허 출원량은 166,233건이다. 합치면 204,589건이다. 2013년 한 해에만 이렇다는 말이다. 이전에 출원된 특허까지 따지면 특허 수는 해변가의 조개껍데기처럼 많다. 그 많은 특허 중에서 필요한 특허를 찾으려면 Try & Error를 얼마나 반복해야 할까?

천 개의 노랑 공 중에 빨간 공 하나 찾는 것보다 백 개의 노랑 공 중에 빨간 공 하나 찾는 게 훨씬 쉽다. 효율적으로 검색하기 위해서는 검색 대상의 수를 줄여야 한다는 말이다. 키프리스의 스마트 검색창이 복잡한 이유가 여기 있다. 찾아야 할 검색 대상을 한정하기 위해서다. 특허의 모든 항목을 찾는 게 아니라 항목별로 찾아 검색의 효율을 높이려는 것이다. 그리고 효율적으로 검색하는 것이 전문가처럼 찾는 것이다.

그럼 스마트 검색창에 있는 항목들을 모두 다 알고 있어야 할까? 다 알면 좋겠지만 꼭 그럴 필요는 없다. 자주 쓰게 될 것만 알면 충분하다. 우리가 관심 있게 봐야 할 항목은 '자유검색' 그리고 '직접입력' 항목이다. 자유검색 항목은 특허 문헌의 모든 항목을 검색해 준다. 여기서 검색하면 앞서 소개한 특허 검색 앱과 같은 결과를 얻을 수 있다. 모든 항목을 검색하기 때문에 검색 결과도 많이 나온다. 효율이 떨어지는 방법이다. 그래서 직접입력 항목과 함께 사용하면 좋다.

스마트 검색창 구성

특허 문헌은 크게 서지사항, 제목, 요약, 청구범위, 본문으로 구성된다. 그리고 스마트 검색창의 항목 구성은 특허 문헌의 구성과 관련이 있다.

우선 제일 먼저 나오는 권리 구분은 특허와 실용신안 중에서 선택하는 것이다. 특허는 발명에 대한 것이고, 실용신안은 고안에 대한 것인데 이 둘의 구분은 사실 좀 애매하다. 특허나 실용신안이나 모두 독특한 창작의 결과물이다. 따라서 검색할 때 이 둘을 구분할 필요는 없다. 다음으로 보이는 건 행정처분이다. 특허가 행정적으로 어떤 처분을 받았는지에 대한 것이다. 각 행정처분에 따라 특허가 어떤 상태인지 알 수 있는데, 그 상태에 따른 특허를 선택적으로 검색하기 위한 것이다.

특허 문헌의 서지사항에는 분류 코드, 각종 번호, 날짜 및 그 특허와 관련된 사람들의 이름과 주소가 담긴다. 스마트 검색창의 IPC, 번호정보, 일자정보, 이름/코드/주소는 이러한 특허의 서지사항을 찾기 위한 것이다.

스마트 검색창 항목 중 직접입력은 발명/고안의 명칭, 초록, 청구범위로 구분되는데, 이는 특허 문헌의 제목, 요약, 청구범위를 검색하기 위한 것이다. 또 자유검색(전문)은 제목, 요약, 청구범위, 본문을 모두 포함하여 검색하도록 되어 있다. 그래서 본문의 내용을 찾을 때는 자유검색(전문) 란을 이용해야 한다.

특허 문헌에서 가장 중요한 부분은 청구범위다. 청구범위는 특허를 출원하는 사람이 독점권으로 인정받으려는 내용이 담기는 부분이기 때문이다. 즉, 특허에서 가장 중요한 내용이 담긴다. 그럼 본문은 뭘까? 본문은 '발명의 상세한 설명'이라고 불리는데, 청구범위의 내용을 뒷받침해 주기 위해 쓰인다. 예를 들어, 청구범위가 'A와 B로 이루어진 C'라고 한다면 본문에서는 A, B, C는 어떤 것이고 어디에 쓰이며, 왜 필요한지, A와 B는 어떻게 결합되는지와 같은 사항을 구체적으로 설명해 주는 것이다. 요약은 말 그대로 특허를 요약한 것이고, 제목은 그 특허의 이름이다. 이렇듯 제목, 요약, 청구범위, 본문은 서로 관련이 있으면서 나타내는 범위가 다르다. 이들의 관계는 다음처럼 집합 그림으로 나타낼 수 있다.

본문
청구범위
요약
제목

스마트 검색창에서 검색할 때 이 그림을 염두에 두고 검색해야 한다. 본문 범위에서 검색하면 누락되는 것 없이 모두 검색되는 장점은 있지만, 의도에서 벗어난 것들도 많이 검색되어 효율이 떨어진다. 제목 범위에서 검색하면 검색하려는 의도에 가장 부합하는 특허들이 검색되지만 누락되는 것들이 생긴다. 따라서 각 항목을 적절히 섞어서 검색해야 효율적으로 검색할 수 있다.

예를 들어, 가정에서 키우는 고양이 사료에 대한 특허를 찾는다면 어떻게 할까? 자유검색(전문) 란에 '가정 고양이 사료'라고 입력하고 검색할 수도 있지만 이렇게 하면 너무 많은 건들을 검토해야 하는 문제가 발생한다. 보통 해당 특허의 용도 등은 본문에 등장하고 특허의 구성은 초록이나 청구범위에 나온다. 고양이 사료에 대한 특허 중 본문에 가정에서 키우는 고양이에 대한 것이라는 내용이 있는 특허를 찾아야 한다. 그러니 자유검색(전문)에는 '가정'이라고 입력하고 초록이나 청구범위에 '고양이 사료'라고 입력하고 검색하면 된다.

특허정보검색서비스인 키프리스의 스마트 검색창을 사용할 수 있으면 전문가의 스멜을 풍길 수 있다. 이 정도만 할 수 있어도 특허에 대해 풍월을 읊을 수 있다는 말이다. 하지만 나는 엄특 독자님들이 좀 더 전문가가 되면 좋겠다. 그래서 진짜 전문가들의 검색 방법을 알려 주려고 한다. 여기 나오는 방법만 알아도 정말 전문가처럼 효율적으로 특허 검색을 할 수 있다.

앞 문장을 다시 읽어보자. 전문가처럼 ○○○으로 특허 검색을 할 수 있다고 했다. ○○○에 들어갈 말은? 효율적!

전문가처럼 특허 검색한다는 말은 효율적으로 특허 검색한다는 것이다. 이 타이밍에 피식 하고 웃으셔도 좋다. 특허 검색에 있어 전문가와 비전문가의 차이는 이것뿐이다. '효율적으로 할 수 있느냐, 없느냐' 정말 별거 없지 않은가?

효율성이 필요 없다면 네이X만 사용해도 상관없다. 수천만 건의 특허 검색 결과를 일일이 열어 보며 검토하면 될 뿐이다. 체력과 시간, 인내심이 뒷받침된다면 말이다. 하지만 우리에겐 체력과 시간 그리고 인내심에 한계가 있다. 그래서 전문가가 필요하다. 한정된 시간에 최대의 결과를 얻는 것. 이게 전문가가 하는 일이다. (🙂 물론 전문가에게 맡기는 방법도 있다. 하지만 그렇게 하면 이 책을 읽는 의미가 없지 않을까?)

그럼 어떻게 해야 할까? 효율적으로 특허 검색을 하려면 한 가지 개념만 알면 된다. 바로 집합이다.

집합! 중학교 1학년 수학 시간에 배운 그 집합 말이다. 갑자기 수학 이야기를 하니 머리가 지끈거리시는가? 걱정 마시라. 수학 문제를 풀어야 하는 상황은 벌어지지 않으니. 효율적으로 검색하기 위해 알아야 할 개념이 중학교 시절에 배운 집합일 뿐이라는 아주 쉬운 이야기니까!

합집합, 교집합, 차집합 기억나시는가? 이것만 알면 전문가처럼 특허 검색을 효율적으로 할 수 있다.

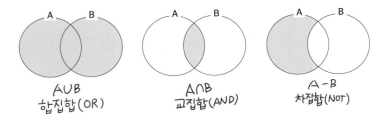

AUB
합집합(OR)

A∩B
교집합(AND)

A-B
차집합(NOT)

도대체 집합과 특허 검색이 무슨 상관일까? 특허 검색을 할 때 우리는 검색창에 키워드를 입력해야 한다. 이때 아마추어라면 검색창에 한두 단어만 입력하고 검색한다. 운이 좋으면 원하는 결과가 잘 나온다. 하지만 몇 번만 반복해 보면 그런 일은 잘 일 어나지 않는다는 걸 금방 깨닫는다. 앞서 살펴본 쌀뜨물 특허나 바나나 보관 특허는 한두 단어로 검색되는 운이 좋은 경우였다. 원하는 결과를 효율적으로 찾으려면 키워드를 조합해 검색식을 만들어야 한다. 이때 집합 개념이 사용된다. 예를 들어보자.

설거지할 때 귤껍질을 이용하면 세정제가 필요 없다. 귤이나 오렌지 껍질에는 리모넨 성분이 있어 세정력이 뛰어나다고 알려 져 있다. 생활 정보 TV 프로그램에서 자주 소개되는데 주로 뚝 배기 씻을 때 사용한다. 뚝배기 표면에는 눈에 보이지 않는 수많 은 구멍이 있다. 이를 다공질이라 한다. 세정제로 뚝배기를 설거 지하면 이 다공질에 세정제 성분이 흡수되어 버린다. 당연히 건강에 좋지 않다. 그래서 귤껍질로 닦으면 좋다.
귤껍질의 천연 세정 성분은 인체에 해가 없기
때문이다.

　그럼 귤껍질을 이용한 청소나 세탁 방법에 대
한 특허가 있지 않을까? 궁금하니 한번 찾아보자. 특허 · 실
용신안 검색창에 '귤 세정'이라고 검색해 보자.

검색 결과를 보면 검토해야 할 건수가 219건이나 된다. 게다가 세정과 관련된 내용은 별로 없다. 뭐가 문제일까? 귤껍질에 있는 성분은 오렌지 껍질에도 있다. 또 귤껍질은 진피라고도 한다. 세정이라는 말 역시 다르게 쓰일 수 있다. 세척, 청소와 같은 단어로 말이다. 단순히 '귤 세정'이라고 검색한 결과에는 이렇게 비슷한 말들이 누락되어 있다.

그래서 검색 결과에 누락이 없으려면 비슷한 말들도 함께 검색해야 한다. 여기서 집합의 개념이 쓰인다. 귤과 비슷한 말들의 합집합과 세정과 비슷한 말들의 합집합으로 말이다.

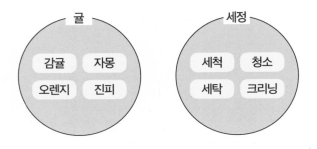

그리고 우리가 찾으려 하는 것은 귤과 세정이 함께 사용되는 특허다. 검색창에 입력한 '귤 세정'이라는 검색어의 의미는 귤과 세정이 함께 사용된 특허를 찾으라는 말이다. 즉, 귤의 집합과 세정의 집합이 중복되는 교집합을 찾는 것이다.

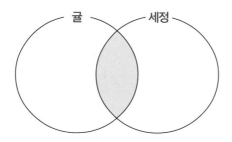

그럼 이걸 검색식으로 어떻게 만들어야 할까? 연산자라는 것을 사용하면 된다. 합집합은 OR 연산자로 묶어주고, 교집합은 AND 연산자로 묶어 주면 된다. 키프리스에서는 OR 연산자를 +로 나타내고 AND 연산자를 *로 나타낸다. 그래서 '굴 세정'이라는 검색식은 다음과 같이 쓸 수 있다.

(굴+오렌지+진피+감귤+자몽)*(세정+세탁+세척+청소+크리닝)

이 검색식을 스마트 검색창의 초록(AB)에 입력해서 검색해 보자. 본문을 전부 다 검색하면 관계 없는 것들이 너무 많이 나오므로 효율성을 생각해서 요약만 검색하는 것이다.

검색 결과 164건이 검색되었고 검색 결과 중 세정과 관련된 내용도 일부 보인다. 하지만 귤을 이용한 차나 음료 등 식음료에 대한 특허가 많은 것을 알 수 있다. 우리는 '귤 세정'으로 특허 검색을 시작했다. 식음료에 대한 특허를 찾으려던 것이 아니다. 그럼 식음료에 대한 특허는 빼야 한다. 이때 차집합을 이용한다.

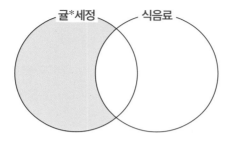

굴과 세정의 검색에서 식음료 부분을 빼려면 NOT 연산자를 사용하면 된다. 굴과 세정의 집합에서 식음료의 집합을 빼는 것이다. 검색식으로 구성하면 '굴 AND 세정 NOT 식음료'가 되겠다. 키프리스에서 NOT 연산자는 *!로 쓴다. 이제 다음과 같은 검색식을 완성할 수 있다. (식음료에 해당하는 말들을 합집합으로 묶어주고 기존의 검색식 뒤에 NOT 연산자를 붙여 주면 완성. 식음료에 해당하는 말이 떠오르지 않으면 기존 검색 결과에서 식음료에 해당하는 말들을 찾아보면 된다.)

(굴+오렌지+진피+감귤+자몽)*(세정+세탁+세척+청소+크리닝)*!(음료+음식+차+과립차+녹차+홍차+침출차+술+스낵+과자+커피+주스+식품+파이+초코파이+빵+쌀+찹쌀+생선+식초+김치+조미+증류+한방+식음료)

이렇게 만든 검색식을 다시 스마트 검색창의 초록(AB)에 입력해서 검색해 보자. 검색 결과 수가 검토할 만하고 세정에 대한 내용이 주로 검색되는 것을 알 수 있다. 여기서도 별로 마음에 드는 게 없다면? Try & Error를 반복하는 수밖에……

특허 검색은 이렇게 하는 것이다. 이 정도만 알아도 전문가 뺨치게 검색할 수 있다. 자~ 이제 자신감을 갖고 찾고 싶은 특허를 마음껏 찾아보자!

전문가처럼 특허 찾는 방법

1. 특허 검색 사이트를 이용한다.
2. 검색 대상 항목을 적절히 선택해 효율성을 높인다.
3. 집합을 생각하며 검색한다.
4. 비슷한 말을 OR(합집합)로 묶고 AND(교집합) 조합을 만든다.
5. 검색 결과를 보면서 필요 없는 부분은 NOT(차집합)으로 뺀다.
6. Try & Error를 반복한다.

남편의 금연
작심삼일 타파

　　　　　　　　　　새해가 되면 가장 많이 하는 다짐 중 하나가 바로 금연이다. 금연은 흡연자 본인의 건강은 물론 주변 사람들의 건강을 위해서도 필요하다. 담뱃값이 계속 오르는 추세여서 경제적 부담도 덜어야 하겠고 말이다. 하지만 가장 쉽게 깨지는 다짐 역시 금연이다. 그만큼 담배를 끊기가 쉬운 일은 아닌 모양이다. 이번에는 금연에 도움이 될 만한 특허를 찾아보자. 특허로 나온 금연 방법을 찾는다면 분명 주위 사람들에게 추천할 만할 것이다.

　　사실, 엄특 작가 본인은 담배를 피우지 않는다. 담배를 안 피우니 금연이 어떤 과정을 거쳐야 하고 얼마나 어려운지 잘 가늠

이 안 된다. 그래서 금연에 대한 정보를 몇 가지 찾아봤는데 정리
하면 이렇다.

금연정보

1. 금연은 의지만으로 되지 않는다.

(의지로 금연하는 분은 정말 독한 X다)

2. 애초에 담배 피울 상황을 피해야 한다.

(술자리나 당구장, PC방 기타 등등)

3. 금단증상은 니코틴 중독 때문에 생긴다.

(니코틴에 중독되지 않으면 금연은 쉽다)

4. 금단증상을 줄이려면 니코틴 흡수량을 서
서히 줄이고 체내 축적된 니코틴 독소를 배
출해야 한다.

(그래서 금연 보조제가 필요!)

5. 흡연이 스스로 조절된다고 자신감이 생길
때가 가장 위험하다.

(참을 수 있다고 생각하고 한 대만 피우려다가 금연 실패)

금연이 얼마나
어려운지 잘 같음이 안돼

대한민국의 남자로 태어나 남중, 남고, 공대, 군대의 테크트리를 타고 업그레이드되어 왔다면 담배를 배우지 못했을 가능성은 지극히 낮다. 나 역시 아주 잠깐 담배를 경험해 봤다. 피우고 났을 때 입 안의 느낌이 너무 좋지 않아 금방 끊었다. 체질적으로 담배가 맞지 않았다고 할까? 하지만 니코틴의 마수에 걸려든 많은 흡연자들에게 금단증상은 정말 빠져나올 수 없는 늪인 것 같다.

금연과 관련한 특허는 어떻게 찾을 수 있을까? 대략 큰 그림부터 훑어 보자. 네이X 전문정보에서 '금연 특허'라고 검색해 볼까?

엄청난 검색 결과가 나온다. 대략 살펴보면 장치나 휴대폰을 이용하는 방법도 있고, 먹는 방법도 있다. 아무래도 먹는 쪽이 더 쉽고 편할 것이다. 그럼 먹는 것과 관련된 금연 특허를 찾아보면 된다. 여기서 조금만 더 정보를 모아 보자. 금연과 관련된 먹

거리 특허는 무척 많기 때문이다. 효율적으로 검색해야 한다고
했음을 기억하시라!

앞에서 금단증상을 줄이려면 니코틴 독소를 배출해야 한다고
했다. 그럼 니코틴을 제거하는 음식이 있을 것 같다. 그걸 먼저
찾아보자. 매번 네이X만 이용했으니 이번엔 노랑머리 구X을 이
용해 볼까? 구X에서 '니코틴 제거 음식'을 찾아보자.

맨 처음으로 니코틴 해독 식품 9가지에 대한 기사가 나온다.
열어 보면, 니코틴 해독 식품은 양파, 복숭아, 무, 신선초, 된

장, 브로콜리, 율무, 파래, 녹차다. 이들이 효율적인 특허 검색을 돕는 힌트다. 그럼 이들을 이용해 검색식을 만들어 보자.

우리가 찾으려던 게 무엇인가? 금연 먹거리에 대한 특허다. 그럼 제일 처음 해야 할 것은 금연과 먹거리에 대해 각각 비슷한 말을 정하는 것이다.

비슷한 말은 이보다 더 많을 것이다. 특허 검색에서 누락을 최소화시키려면 유사한 말들을 최대한 많이 찾아 검색식을 만들어야 한다. 하지만 단어를 많이 넣을수록 그에 비례해 검색 결과도 늘어난다는 사실을 잊지 말자.

금연과 먹거리만으로 검색해도 상관은 없다. 하지만 좀 더 효율을 높이기 위해 앞서 찾은 9가지 식품도 여기에 조합하자. 금연과 먹거리 그리고 9가지 식품의 교집합을 찾는다는 말이다.

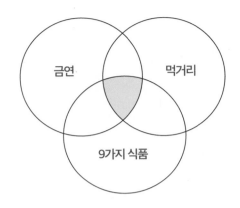

이제 엄특 독자님들의 머릿속에는 어떤 특허가 검색될지 그림이 뭉게뭉게 떠오를 것이다. 자, 검색식으로 그 실체를 확인해 보자. 우리가 만들려고 했던 검색식은 '금연 AND 먹거리 AND 9가지 식품'이다.

(금연+금단+니코틴+흡연)*(식품+음료+과자+스낵+스넥+간식+식음료 +껌+빵)*(복숭아+양파+무+신선초+브로콜리+율무+된장+파래+녹차)

키프리스 스마트 검색창의 초록(AB)에 입력하고 검색해 보자. 키프리스 첫 화면에서 특허 · 실용신안을 선택하고 스마트검색을 열면 된다. 검색해 보면 금연과 관련된 식품들의 특허가 보인다.

물론 관련 없는 것들도 몇 가지 보인다.

검색 결과를 검토해 보면서 마음에 드는 특허를 선택하면 된
다. 별로 마음에 드는 게 없으면 검색식을 바꿔가며 Try & Error

를 반복하자. 검색 결과에서 엄특 작가가 선택한 특허는 이거다.

이 특허를 열어 보자.

키프리스에서 특허를 열어 보면 새로운 창에서 특허 정보를 확인할 수 있다. 특허의 핵심 내용은 청구항에 나온다. 청구항을 클릭해 내용을 확인해 보자. 아니면 공개전문을 열어서 확인해도 된다.

복숭아를 이용한 금연 보조제 제조방법
NONSMOKING FOOD MANUFACTURING METHOD

| 상세정보 | 공개전문 | 통합행정정보 |

서지정보 인명정보 행정처리 **청구항** 지정국 선행기술조사문헌 패밀리정보

번호	청구항
1	건조된 복숭아 50 중량%, 감초 10 중량%, 검정콩 20 중량%, 찹쌀 20 중량%를 포함하는 복숭아를 이용한 금연 보조제.
2	(a) 건조된 복숭아 50 중량%, 감초 10 중량%, 검정콩 20 중량%, 찹쌀 20 중량%를 분쇄하여 가루로 만드는 재료 분쇄 단계; (b) 계피 500 그램(g)당 물 20 리터(L)의 비율로 하여 1시간 내지 2시간을 끓이는 재료 추가 혼합 및 끓임 단계; 및 (c) 상기 (b) 단계에서 만들어져 계피맛이 우러난 물에 상기 (a) 단계에서 만들어진 가루와 적당량의 밀가루를 혼합하여 반죽하는 반죽 단계를 포함하는 복숭아를 이용한 금연 보조제의 제조방법.
3	제2항에 있어서, (d) 상기 (c) 단계에서 만들어진 반죽 재료를 환 제조기에 넣고 환으로 조제하여 음지에서 건조시키는 환 제조 및 건조 단계를 더 포함하며, 상기 금연 보조제는 껌, 과자 또는 음료인 것을 특징으로 하는 복숭아를 이용한 금연 보조제의 제조방법.

특허의 청구항

청구항을 보면 건조된 복숭아와 감초, 검정콩, 찹쌀을 계피 물에 섞어서 환으로 만들어 먹으라고 나온다. 첨가되는 식재료들이 구하기 쉽고 만드는 방법도 어렵지 않아 집에서도 쉽게 해볼 수 있는 방법이다. 꼭 특허에 나온 방법대로 해야 하는 건 아니다. 단맛이 좀 부족하다 느껴지면 올리고당을 더 넣는다고 해서

누가 뭐라 하지 않는다. 이 특허를 기본으로 얼마든지 색다르게 응용할 수 있다. 남편이 골초라서 고민이라면, 특허에서 찾은 이런 간식을 만들어 보면 어떨까?

엄특 독자는 외식을 자주 하는가? 단골 식당이 있는가? 맛집을 일부러 찾아다니는가?

날이 갈수록 맛집 탐방이 유행이다. 미디어에서 맛있는 음식을 많이 보여 주기 때문인 것 같다. 그런데 요즘 또 다른 유행이 생기고 있다. 일류 요리사급으로 직접 요리하는 사람들이 늘고 있는 것이다. 예전에는 요리 프로그램이란 오전 시간대나 교육 방송에서 잠깐 방영되는 게 전부였다. 하지만 요즘엔 황금 시간대 예능 프로그램에서도 요리를 소재로 한 방송이 많아졌다.

요리를 잘하려면 가장 먼저 필요한 게 뭘까? 단언컨대 맛있는 음식을 먹어 본 경험이다. 맛있는 음식을 못 먹어 본 사람들은 맛있는 음식을 만들지 못한다. 요리할 때 요리사들이 어떻게 하는가? 계속 맛을 본다. 요리가 맛있게 되고 있는지 확인하는 것이다. 그런데 맛에 대한 경험이 적으면 어떤 것이 맛있는지 잘 모른다. 요리를 해도 좋은 평가를 받기 어렵다. 외국어를 배울 때 듣기부터 마스터하는 것과 비슷하다고나 할까?

맛있는 음식은 어디에서 먹어 볼 수 있을까? 어린 시절을 요리를 잘하는 부모님과 함께 보냈다면 최상일 것이다. 그게 아니라면, 맛집으로 소문난 식당에 가보면 된다. 사람들이 몰리는 식당 음식을 먹어 보면 맛에 대한 감각이 생긴다.

간혹 특허 등록증이나 특허 번호를 내건 식당들이 있다. 특허까지 받은 요리법이니 뭔가 맛있으리란 기대를 하게 된다. (물론 특허 받았다는 사실이 맛을 보장해 주는 건 아니다. 욕쟁이 할머니 집이 늘 맛있는 게 아닌 것처럼 말이다.)

특허 받은 음식점을 본 적이 없다고? 그동안 관심이 없어서 못 보고 지나친 듯하다. 특허 받은 식당은 의외로 많다. 네이X에서 '특허 맛집'이라고 검색해 보자. 특허 받은 요리를 하는 맛집들이 수두룩하게 나오는 걸 확인할 수 있다.

고속도로 휴게소에서도 특허 받은 음식을 만날 수 있다.

NAVER | 특허 맛집 | 🔍 ▼ | 검색

통합검색　블로그　카페　지식iN　이미지　동영상　어학사전 □　뉴스　더보기 ·

블로그 1-10 / 19,516건

청담 맛집 특허받은 집 "공리짬뽕" 3일전 ☐
청담 맛집답게 특허받은 신메뉴가 있고요 맛도 깔끔하니 담백한데 주재료가 흑미라 몸에 좋
은 것을 먹는 느낌이었어요 기존 중국집이 아닌 좀 더 새로운 것을 원하는...
blog.naver.com/hiok85/220258822519　소통 그리고 이야기 | 블로그 내 검색

통영맛집-) 꿀빵맛집, 특허꿀빵 한산꿀빵대첩 7일전 ☐
한산꿀빵대첩/통영꿀빵/꿀빵맛집/연유꿀빵/특허꿀빵/유자꿀빵/완두꿀빵/팥꿀빵/꿀빵택
배/꿀빵가격 꿀빵 최초 특허출원, 천연 말효꿀빵한산꿀빵대첩통영시 해안로 339...
danny278.blog.me/220253299052　행복이 몽글몽글 ∗ ... | 블로그 내 검색

[예촌 돌솥순두부] 강릉초당맛집 특허받은... 5일전 ☐
강릉초당맛집 예촌돌솥순두부 로 고고~!여긴 특별하게 육개장순두부전골 을 내세웠더라구
요 ^^특허등록을 해놓았다길래 기대 만빵하고 갔어요~ㅋㅋ초당 두부 마을엔...
blog.naver.com/hanis8/220256098105　앵두헤나 행... | 블로그 내 검색 | 🗺 약도 ▼

수원장어맛집 특허받은 한방민물장어 2014.10.10 ☐
수원장어맛집 특허받은 한방민물장어 제가 한번 먹어보고 왔습니닷 ∗-∗ 안녕하세요 이웃님
들~ 저 이번에는 영통에 먹방찍으러 다녀왔어요~~ 뭘 먹었게요??? 바로 장어랍니다!...
blog.naver.com/stacyslnae/220146501256　초크초크한 포꼬밍 | 블로그 내 검색

[대성리/맛집] 특허받은 면발 절구짜장... 2015.01.07 ☐
절구짜장·짬뽕 '닥터차이'[닥터차이·절구짜장·절구짬뽕·찹쌀탕수육·대성리맛집... 자장면은
평범한 맛이에요- 그래도 많이 느끼하진 않더라구요.특허받았다는 절구식...
limnori.blog.me/220233170450　림팀림 | 블로그 내 검색 | 🗺 약도 ▼

음식특허, 내가 가는 맛집에도 출원,등록이? 11시간전 ☐
안녕하세요오늘 알아볼 주제는 음식특허인데요,오새 맛집들 많이들 찾아가시죠맛집하면 중
요한 것이 음식특허출원 및 등록을 하는 것인데요 흔히 볼수 있는 맛집이라고...
blog.naver.com/mijinl12/220261250889　제미시스터즈 힐링 ... | 블로그 내 검색

[청담동 맛집] 특허출원 짬뽕 2015.01.09 ☐
청담 맛집_공리짬뽕 안녕하세요 어제 중소기업체험캠프를 시작으로 오늘은 직접... 기대기
대 한가지 특이한 점은 음식점에서 사용하는 면이 특허출원이 되어있어요!...
preetyjimin.blog.me/220234475108　고구마돼지... | 블로그 내 검색 | 🗺 약도 ▼

논현동 맛집, 특허획득 흑마늘밥과 낙지볶음... 2015.01.07 ☐
논현동맛집 <예가 낙지마을> 우리 회사 주최 조리 세미나 때문에 논현동에 갔다가 <예가
낙지마을>에서 점심을 먹었다. 특허 낸 흑마늘밥을 먹을 수 있는 곳이다. 예가...

이런 곳에서 먹어 보고 나면 그 음식의 비밀이 궁금해지는 건 당연지사! 그럼 어떻게 할까? 특허를 찾아보면 된다. 전문가처럼 특허 검색하는 방법을 알았으니 이제 전문가처럼 해보자. 키프리스에 접속해서 찾아볼까?

키프리스의 특허 · 실용신안 검색으로 들어가서 스마트 검색을 열어 보자. 스마트 검색에는 번호 정보를 검색하는 곳이 있다.

여기서 우리가 신경 써서 봐야 할 곳은 출원번호, 공개번호, 등록번호이다. 보통 식당에 걸려 있는 특허 번호는 등록번호가 많다. 하지만 곳에 따라 출원번호나 공개번호를 써 놓은 곳도 있다. (이건 식당만 그런 게 아니다. 특허를 홍보에 이용하는 상품들이 다 그렇다.)

등록번호의 구성을 살펴볼까? 등록번호는 권리구분 두 자리 – 번호 일곱 자리로 구성된다. 예를 들어, 위 사진에 나온 한방 라면은 10-1457034이다. 여기서 맨 앞의 10은 특허를 의미한다. 맨 앞의 두 자리가 20이면 실용신안, 30이면 디자인, 40이면 상표다. 맛집들은 주로 특허로 권리를 획득하니 10이 대부분일 것이다. 뒤 일곱 자리는 차례대로 붙여지는 일련번호다. 한방 라면의 특허 번호 10-1457034는 1,457,034번째 등록 특허라는 의미다.

출원번호나 공개번호는 권리구분 두 자리 - 연도 네 자리 - 번호 일곱 자리로 구성된다. 10-2015-0123456과 같다. 출원번호나 공개번호는 자릿수가 똑같기 때문에 특허 번호를 쓸 때 친절하게 출원번호인지 공개번호인지 알려주지 않으면 구분이 되지 않는다.

번호를 입력할 때는 하이픈(-)을 생략하고 입력한다. 10-1457034를 검색할 때는 101457034라고 입력하면 된다. 한번 해 볼까?

스마트 검색창의 등록번호 입력란에 101457034를 입력하고 검색해 보자.

열어 보면 한방 라면의 레시피를 확인할 수 있다. 등록되어 있는 특허이니 어디 가서 함부로 한방 라면을 돈 받고 팔면 안 된다. 하지만 한방 라면의 비밀을 참고할 수는 있다. 이처럼 식당에서 특허 번호를 발견했다면 잘 기억해 두자. 맛집의 비밀을 알아낼 수 있으니까!

한방 라면의 제조방법
METHOD FOR MANUFACTURING RAMYEON CONTAINING MEDICINAL HERBS

상세정보   공고전문   등록사항   통합행정정보

서지정보   인명정보   행정처리   청구항   지정국   선행기술조사문헌   패밀리정보

(51) Int. CL	A23L 1/16(2006.01)	크게보기
(21) 출원번호/일자	1020140044756 (2014.04.15)
(71) 출원인	(주)대교
(11) 등록번호/일자	1014570340000 (2014.10.27)
(65) 공개번호/일자	
(11) 공고번호/일자	(2014.11.04) 전문다운
(86) 국제출원번호/일자	
(87) 국제공개번호/일자	
(30) 우선권정보	
최종처분내용	등록결정(일반)
등록사항	등록
심판사항	
구분/원출원권리	신규 /
완출원번호/일자	
관련 출원번호	
기술이전 희망	
심사청구여부/일자	Y(2014.04.15)
심사청구항수	4

당귀, 황기, 둥글레, 파뿌리 및 물 가열, 육수 제조
↓
육수 추가 가열
↓
육수에 라면, 밥, 대추, 은행 및 마늘 투입, 가열
↓
인삼 추가 투입, 가열

URL복사

초록 본 발명은 한방 라면의 제조방법에 관한 것으로, 더욱 상세하게는 당귀, 황기, 둥글레, 파뿌리 및 물을 육수통에 투입하여 60~80℃에서 1~3시간 동안 가열하여 육수를 제조하는 육수 제조단계와, 상기 제조된 육수를 90~100℃가 되도록 가열하는 가열단계와, 상기 가열된 육수에 라면, 라면스프, 밥, 대추, 은행 및 마늘을 투입하여 1분 30초~3분 30초간 가열한 후, 이에 인삼을 추가 투입하고 40초~50초 동안 더 가열하는 라면 조리단계를 포함하는 것을 특징으로 한다.

본 발명에 의하면, 라면의 국물 또는 라면의 조리시 포함되는 부재료들을 통해 다양한 영양소 및 유효성분들을 손쉽게 섭취할 수 있게 되어, 라면의 문제점인 영양소가 부족한 점을 해소함으로써, 소비자들의 건강유지에 도움이 되도록 하는 장점이 있다. 또한, 산청지역은 2000년도부터 시작한 「산청한방약초축제」와 2013년 「산청세계전통의약엑스포」를 통해 "한방, 한약, 약초"로 널리 알려져 있는바, 본 발명의 한방 라면은 산청지역을 대표하는 "특화음식"으로서 소비자들에게 인지도와 브랜드 가치를 높일 수 있는 산청지역 대표음식이 될 수 있다.

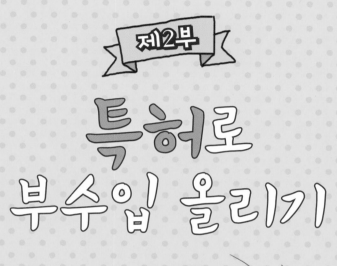

제2부

특허로
부수입 올리기

특허로
부자가 된
엄마들

지금까지 특허를 이용하는 방법에 대
해 살펴보았다. 이제 엄특 독자들의 마음 속에는 "그렇다면 특허
로 돈을 벌 수는 없을까?" 하는 생각이 생길 것 같
다. 당연히 특허로 돈을 벌 수 있다. 특허로 부
자가 된 엄마들도 많다. 실생활과 관련된 발명으
로 주부들이 느끼는 불편함을 개선해서 많은 공
감을 얻었기 때문일 것이다. 어떤 엄마
들이 특허로 부자가 되었을까? 생활
속의 아이디어로 특허를 내고 이를 바
탕으로 부자가 된 엄마들의 사례를 살
펴보자.

한경희생활과학 한경희 대표

주부 발명가로 가장 널리 알려진 사람은 누구일까? 국내에서는 한경희생활과학의 한경희 대표가 손꼽힌다. 신문, 방송, 책 등 여러 매체에 꾸준히 소개되었으며 홈쇼핑 채널에도 심심치 않게 등장하기 때문이다.

무엇보다 한경희 대표를 손꼽는 가장 큰 이유는 요즘도 계속 발명을 하고 있기 때문이다. 그녀는 최근까지도 계속해서 특허를 출원하고 있다. 처음 출원한 특허부터 따져 보면 그녀의 특허는 무려 150여 개에 이른다.

한경희 대표는 공무원 생활을 하던 주부였다. 맞벌이를 했던 탓에 집안일은 남편과 나누어서 했는데 남편이 걸레질만은 절대로 하지 않았다고 한다. 주방이나 거실의 찌든 때는 남자의 힘으로 박박 닦아야 하는데 남편이 도와주지 않으니 힘든 나날의 연속이었다고. 그러다 생각해낸 것이 뜨거운 걸레였다. 뜨거운 걸레로 닦으면 힘들이지 않고도 잘 닦이고 더불어 살균도 되지 않을까 하는 생각에서였다. 그렇게 스팀청소기가 탄생하게 되었다.

그녀는 무릎을 꿇을 필요 없이 편안하게 서서 위생적으로 걸레질을 할 수 있는 스팀청소기를 개발했다. 개발 과정이 순탄치는 않았지만 주부의 관점에서 기존에 있던 청소기들의 단점을 확실히 개선해갔다. 상품은 금세 입소문을 타기 시작했고 홈쇼핑에서 입점 제안도 들어왔다. 뉴스에서 스팀청소기에 살균 효과가 있다는 보도가 나간 후에는 홈쇼핑의 자동주문전화 시스템이 다운될 정도로 높은 판매고를 올렸다고 한다.

한경희 스팀청소기

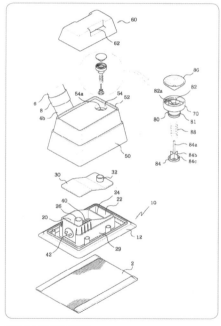

한경희 스팀 청소기 특허 KR10-0401327

에어비타 이길순 대표

공기청정기를 만드는 에어비타의 이길순 대표도 성공한 주부 발명가다. 1990년대 초반, 이길순 대표는 서울의 어느 빌라 3층에 사는 평범한 주부였다. 같은 빌라 반지하층에 갓난아이를 키우는 새댁이 살고 있었는데 그 집을 방문했을 때 집안이 눅눅하고 퀴퀴한 냄새가 심해 아이가 늘 감기를 달고 사는 모습이 안타까웠다고 한다. 그때 이길순 대표의 머릿속에 일본에서 봤던 공기청정기가 스쳐 지나갔다. 당시 공기청정기는 고가에 덩치도 커서 서민들은 엄두도 낼 수 없는 물건이었다. 이길순 대표는 반드시 서민용 소형 공기청정기를 만들겠노라 다짐했다.

이후 공기청정기를 분석해 보면서 발명의 필요성이 더욱 커졌다. 기존의 공기청정기는 가격도 가격이지만 크기도 필요 이상으로 컸다. 또한 필터 방식의 공기청정기에는 몇 가지 문제점이 있었다. 필터에 의해 2차 오염이 발생할 수 있고, 팬의 소음이 커서 일상생활에 방해가 된다는 점도 문제였다. 이길순 대표는 필터와 팬이 없고, 싼 가격에 크기도 작은 공기청정기를 만들고자 했다.

이길순 대표의 특허를 보면 음이온을 발생시켜 공기를 정화시

에어비타 공기청정기

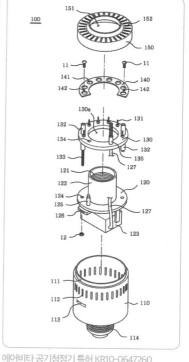

에어비타 공기청정기 특허 KR10-0647260

키는 구조로 되어 있다. 필터와 팬이 없기 때문에 소형이고 소음이 없으며 반영구적이다. 기존 공기청정기들의 단점을 모두 없앤 제품이다.

  이길순 대표의 특허로 만들어진 에어비타의 공기청정기는 세계 26개국에 수출되는 히트 상품이 되었다. 2013년 매출 110억 원으로 5년 내 코스닥 상장을 목표로 하고 있다고 한다.

인산죽염촌 최은아 대표

최은아 인산죽염촌 대표는 6남매를 키우던 주부였다. 시아버지인 인산 김일훈 선생의 발명품을 사장시키지 않으려고 사리장에 대한 특허를 내기 시작하면서 특허에 입문했다. 사리장은 죽염으로 만든 약간장이다. 검정콩을 발효시킨 후 유황오리와 유근피, 밭마늘을 넣어 달인 물에 죽염을 넣고 간장처럼 숙성시킨 것이다. 먹거나 바르면 몸 속의 염증과 독소를 해독시키는 작용을 하는 천연 항생제이다.

최은아 대표가 사리장에 대한 확신을 가진 후 자기 몸에 직접 실험한 일화는 유명하다. 정제하지 않은 사리장을 링거에 섞어 몸에 직접 주사하는 바람에 고열에 심한 몸살을 앓았는데, 이 사실을 접한 지인들은 기겁을 했다고 한다.

그녀는 사리장 실험을 거듭하며 다수의 관련 특허를 냈다. 결국 사리장을 제품화시키고 인산죽염촌을 설립했다. 이후 모범여성경영인상, 세계여성발명대회 우수상, 경남중소기업대상, 여성발명기업인상 등 수많은 상을 수상하였다. 인산죽염촌은 벤처기업 및 수출유망중소기업으로 선정되었고 미국 현지 법인도 설립하여 대미 수출도 확대하고 있다.

인산죽염촌 사리장

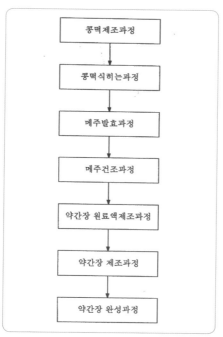

인산죽염촌 사리장
특허 KR10-0496531

이정미 제이엠그린 대표

혹시 알알이쏙이라는 상품에 대해 들어본 적 있는가? 얼음을 얼리고 쉽게 빼낼 수 있는 말랑말랑한 얼음틀이다. 기존 얼음틀은 힘을 가해 뒤틀어야 하는데 이 제품은 고무 재질로 되어 있어 눌러 주기만 하면 얼음이 쏙 빠진다. 얼음만 되는 게 아니다. 다진 마늘이나 각종 육수를 미리 얼려두었다가 필요할 때마다 하나씩 쓸 수 있다. 별것 아닌 것 같은 이 발명품은 미국 월마트, 이베이, 아마존 등에 진출해 세계 곳곳에서 팔리고 있다.

알알이쏙을 발명하고 특허를 받은 이정미 제이엠그린 대표 역시 원래는 전업주부였다. 아침 출근 시간에 바쁘게 식사 준비를 하는데, 냉동시켰던 다진 마늘을 불편하게 칼로 잘라내다가 한번에 하나씩 꺼내 쓸 수 있으면 좋겠다는 생각이 들었다고 한다. 그녀는 아이들이 먹는 쭈쭈바에서 힌트를 얻어 아이디어를 구상해 이를 발명품으로 완성시켰다.

이정미 대표는 특허 출원 후 첫 제품을 내놓으면서 2011년 창업에 도전했다. 주부들 사이에 제품에 대한 입소문이 퍼지면서 창업 1년 만에 4억 매출을 올렸다. 초기 제품의 성공에 힘입어 제품군의 숫자를 늘려가기도 했다. 해외 진출도 성공했으며 현재도

알알이쏙

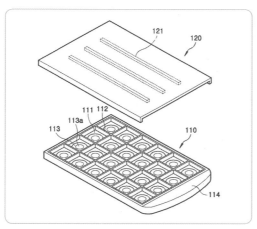

알알이쏙 특허
KR10-1248337

승승장구 중이다. 요즘 그녀는 성공한 여성 1인 기업가로서 언론에 자주 소개되고 있다. 국내 한 일간지와의 인터뷰에서는, "달동네에서 시작했지만 꾸준히 공부해 한 단계씩 실행해가니 청와대까지 방문하게 됐다"며 희망을 잃지 말기를 당부하기도 했다.

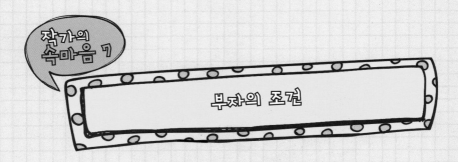

작가의
속마음 7

부자의 조건

우선, 엄특 작가 본인은 아직 부자가 아니다. 하지만 부자가 될 것이다. 왜 그렇게 확신하냐고? 부자가 될 것 같은 느낌이 있기 때문이다.

부자가 되기 위해서는 이런 비현실적인 허무맹랑한 마음이 중요하다(고 생각한다). 나를 둘러싸고 있는 지금의 현실은 나와는 어울리지 않는다(라고 생각한다). 곧 나와 어울리는 내가 원하는 현실이 펼쳐질 것이다(라고 생각한다). 그래서 그 현실을 맞이하기 위한 행동을 해야 한다(고 생각한다). 그럼 어떻게 해야 할까? 꿈은 거창하게~ 실천은 현실적으로~

많은 사람들이 부자가 되기 위해 재테크를 한다. 재테크를 시작하면 소비를 줄이고 목돈을 모은다. 그리고 투자한다. 그리고 0.01%의 수익율에 목숨을 건다. 비과세 금융 상품을 노리고, 수익율이 높은 펀드를 노린다. 주식에 뛰어드는 사람도 많다. 노후 대비로 연금 관련 상품에도 가입한다. 어느 정도 목돈이 모이면 대출을 받고 부동산을 산다. 부동산이 오르기를 기대하며 대출 이자는 소득공제 받는다. 모두의 최종 목표는 임대사업자가 되는 것 같다. 재테크의 과정은 왠지 부자가 되는 과정이라기보단 유행에 뒤쳐지지 않으려는 모습 같다.

부자가 된다는 건 어떤 것일까? 돈이 많으면 부자라고? 아니다. 돈이 많아도 쓸 시간이 없다면 부자가 아니다. 일을 하면 할수록 수입은 늘지만 너무 바빠 그 돈으로 아무것도 할 수 없다면 그게 무슨 소용인가!

돈을 쓰려면 건강해야 한다. 돈이 많아졌지만 병원에 누워만 있어야 한다면 그게 무슨 소용인가!

시간도 있고 건강하지만 나 혼자 뿐이라면 돈 쓸 맛이 안 생긴다. 한끼에 수십만 원 하는 식사를 하려고 해도 같이 먹을 사람이 있어야 맛이 난다. 혼자만 잘 살면 뭐하냐 말이다.

시간, 건강, 사람. 이 세 가지가 돈과 함께 있어야 부자가 아닐까.

그럼 어떻게 할까? 내가 건강할 때 시간이 있어야 하고, 함께 할 친구가 있어야 한다. 그러기 위해 무엇보다 필요한 것은 자유롭게 이용할 수 있는 자유 시간을 확보하는 것이다. 한 살이라도 어려 체력이 좋을 때 자유 시간이 많은 직업을 갖는 게 중요하다. 부자의 시작은 자유 시간이 많은 직업을 갖는 것부터 시작한다.

세상이 그리 만만할까 싶은가? 어차피 만만하지 않은 세상, 어딜 가도 어려움으로 둘러싸여 있다면 자유 시간이 많이 생기는 쪽으로 돌파해보자.

그러려면 비현실적인 허무맹랑한 마음이 반드시 필요하다. 그런 마음이 있어야 현실적으로 불가능한 일이 생겨도 꿋꿋이 앞으로 나아갈 수 있으니 말이다. 나는 주장한다. 부자가 되려면 비현실적인 허무맹랑한 마음을 가지라고!

발명하자

특허로 부자가 된 엄마들의 공통점은 뭘까? 바로 여성 발명가였다는 점이다. 이들은 생활 속에서 불편함을 느꼈을 때 그냥 넘어가지 않았다. 불편함을 개선시킨 발명품을 만들었다. 그리고 이걸 특허로 출원하였다.

발명품을 만들고 특허를 내고 이를 팔아서 수입을 얻는 것, 이것이 특허로 돈을 버는 가장 직관적인 방법이다.

발명을 하라고? 어렸을 때 과학경시대회 한번 나가본 적 없는 내가 과연 발명을 할 수 있을까? 엄특 독자들의 머릿속에 이런 의구심이 아우성칠 것이다. 타고난 발명가가 아니라해도 발명도 공부를 하면 잘할 수 있다. 우선 발명을 하려면 창의력이 필요한데, 엄마가 된 후 머리가 딱딱하게 굳어 버렸다고 걱정할 필요 없다. 발명에서는 누구나 창의적이 될 수 있다. 어떻게? 발명 이론을 이용하면 된다. 발명 이론을 이용할 때 가장 중요한 것은 고정관념을 버리는 것이다. 톱니바퀴는 기름칠을 해주면 잘 돌아  간다. 마찬가지로 머릿속이 톱니바퀴로 되어 있다면 고정관념을 버리는 것이 기름칠과 같다.

이제 창의력을 높여주는 발명 이론 두 가지를 소개하겠다. 트리즈TRIZ와 만다라트Mandal-art다.

트리즈 TRIZ

트리즈는 러시아의 과학자 겐리히 알트슐러(Genrich Altshuller, 1926 ~ 1998)가 개발한 발명 이론이다. 트리즈는 알트슐러가 1946년 러시아 해군에서 특허 관련 일에 종사하면서부터 고안되기 시작했다. 그는 수백만 건의 특허를 분석하면서 특허에는 문제 해결을 위한 공통되는 이론이 있다는 것을 알게 되었다. 이를 정리한 것이 트리즈다. 트리즈는 이후 여러 사람을 거치면서 발전해 왔다. 현재는 물리적인 기술 영역뿐만 아니라 경영, 비즈니스 영역에서도 사용할 수 있도록 개량되고 있다.

트리즈에서 가장 중요한 개념은 모순이다. 발명에서 모순이란, 한 가지 특성이 좋아지면 한 가지 특성은 안 좋아지는 것을 말한다. 예를 들면, 스마트폰의 전원을 오래 유지하려면 배터리 용량을 키우면 된다. 그러면 배터리 용량이 커지는 특성은 좋아진다. 하지만 배터리의 크기와 무게는 커져 스마트폰이 무거워진다. 무게가 증가하는 특성은 안 좋아지는 것이다.

모순이 발명에만 해당되는 건 아니다. 알트슐러는 1950년부터 1954년까지 강제노동수용소에 수감된 적이 있었다. 이때 잠을 안 재우는 고문이 있었다고 한다. 방안의 불을 환하게 밝혀 놓고 눈이 감겼는지 안 감겼는지를 감시하다가 눈이 감기면 바로 깨워서 잠을 못 자게 하는 고문이었다. 알트슐러는 여기서 모순을 발견했다. 잠을 자려면 눈을 감아야 하는데, 눈을 감을 수 없는 모순이 있는 것이다.

보통 사람이었다면 잠을 못 자는 고문이 너무 괴로운 나머지 간수에게 복종했을 것이다. 하지만 알트슐러는 눈을 항상 떠야 하는 고문을 받으면서도 잠을 잤다. 어떻게 그럴 수 있었을까?

그는 죄수에게 나눠 주는 담배에서 종이를 꺼내 눈 모양을 그려 넣었다. 그리고 그 종이를 눈꺼풀에 붙였다. 감시자가 감시하는 건 단순히 눈의 모양이었다. 눈꺼풀에 눈 모양을 붙였으니 눈을 감아도 눈이 떠 있는 것처럼 보였을 것이다.  눈 모양을 그려 감시자를 속이고 수면을 취할 생각을 한 게 대단하기도 하지만 얼마나 그림을 잘 그렸기에 감시자가 속았던 걸까? 그림에 자신이 없다면 꿈도 못 꿀 일이다.)

트리즈는 모순을 발견하고 그 특징에 따라 39가지 파라미터로 나눈다. 그리고 파라미터에 따라 정해진 40가지 발명 원리를 적용하여 문제를 해결하도록 돕는다. 이를 위해서는 40가지 발명 원리와 파라미터의 관계가 표기된 기술 모순 매트릭스를 사용해야 한다. 기술 모순 매트릭스는 '트리즈 매트릭스' 혹은 '모순 행렬'로 검색하면 쉽게 찾을 수 있다.

트리즈를 제대로 하려면 좀 더 복잡한 이론이 필요하지만, 실생활에서 간단한 아이디어가 필요할 때는 40가지 발명 원리를 적용해서 충분히 힌트를 얻을 수 있다.

기술 모순 매트릭스		한 특성을 개선하려 할 때 악화되는 다른 특성																		
개선하려는 특성( )	**1**	**2**	**3**	**4**	**5**	**6**	**7**	**8**	**9**	**10**	**11**	**12**	**13**	**14**	**15**	**16**	**17**	**18**	**19**	**20**
1 움직이는 물체의 무게		—	15,8 29,34	—	29,17 38,34	—	29,2 40,28	—	2,8 15,38	8,10 18,37	10,36 37,40	10,14 35,40	1,35 19,39	28,27 18,40	5,34 31,35	—	6,29 4,38	19,1 32	35,12 34,31	
2 정지한 물체의 무게	—		—	10,1 29,35	—	35,30 13,2	—	5,35 14,2	—	8,10 19,35	13,29 10,18	13,10 29,14	26,39 1,40	28,2 10,27	—	2,27 19,6	28,19 32,22	19,32 35		18,19 28,1
3 움직이는 물체의 길이	8,15 29,34	—		—	15,17 4	—	7,17 4,35	—	13,4 8	17,10 4	1,8 35	1,8 10,29	1,8 15,34	8,35 29,34	19		10,15 19	32	8,35 24	—
4 정지한 물체의 길이	—	35,28 40,29	—		—	17,7 10,40	—	35,8 2,14		28,10	1,14 35	13,14 15,7	39,37 35	15,14 28,26	—	1,40 35	3,35 38,18	3,25		—
5 움직이는 물체의 면적	2,17 29,4	—	14,15 18,4	—		—	7,14 17,4	—	29,30 4,34	19,30 35,2	10,15 36,28	5,34 29,4	11,2 13,39	3,15 40,14	6,3	—	2,15 16,22	15,32 19,13	19,32	—
6 정지한 물체의 면적	—	30,2 14,18	—	26,7 9,39	—		—		—		1,18 35,36	10,15 36,37		2,38	40	—	2,10 19,30	35,39 38		—
7 움직이는 물체의 부피	2,26 29,40	—	1,7 4,35	—	1,7 4,17	—		—	29,4 38,34	15,35 36,37	6,35 36,37	1,15 29,4	28,10 1,39	9,14 15,7	6,35 4	—	34,39 10,18	2,13 10	35	—
8 정지한 물체의 부피	—	35,10 19,14	19,14	35,8 2,14	—	—	—		—	2,18 37	24,35	7,2 35	34,28 35,40	9,14 17,15	—	35,34 38	35,6 4		—	—
9 속도	2,28 13,38	—	13,14 8	—	29,30 34	—	7,29 34	—		13,28 15,19	6,18 38,40	35,15 18,34	28,33 1,18	8,3 26,14	3,19 35,5	—	28,30 36,2	10,13 19	8,15 35,38	
10 힘	8,1 37,18	18,13 1,28	17,19 9,36	28,10	19,10 15	1,18	15,9 12,37	2,36 18,37	13,28 15,12		18,21 11	10,35 40,34	35,10 21	35,10 14,27	19,2	—	35,10 21		19,17 10	1,16 36,37
11 장력/압력	10,36 37,40	13,29 10,18	35,10 36	35,1	10,15 36,28	10,15 36,37	6,35 10	35,24	6,35 36	36,35 12		35,4 15,10	35,33 2,40	9,18 3,40	19,3 27	—	35,39 19,2		14,24 10,37	—
12 모양	8,10 29,40	15,10 26,3	29,34 5,4	13,14 10,7	5,34 4,10	—	14,4 15,22	7,2 35	35,15 34,18	35,10 37,40	34,15 10,14		33,1 18,4	30,14 10,40	14,26 9,25	—	22,14 19,32	13,15 32	2,6 34,14	—
13 물체의 안정성	21,35 2,39	26,39 1,40	13,15 1,28	37	2,11 13	39	28,10 19,39	34,28 35,40	33,15 28,18	10,35 21,16	2,35 40	22,1 18,4		17,9 15	13,27 10,35	39,3 35,23	35,1 32	32,3 27,15	13,19	27,4 29,18
14 강도	1,8 40,15	40,26 27,1	1,15 8,35	15,14 28,26	3,34 40,29	9,40 28	10,15 14,7	9,14 17,15	8,13 26,14	10,18 3,14	10,3 18,40	10,30 35,40	13,17 35		27,3 26	—	30,10 40	35,19	19,35 10	35
15 움직이는 물체의 지속성	5,19 34,31	—	2,19 9	—	3,17 9	—	10,2 19,30	—	3,35 5	19,2 16	19,3 27	14,26 28,25	13,3 35	27,3 10		—	19,35 39	2,19 4,35	28,6 35,18	—
16 정지한 물체의 지속성	—	6,27 19,16	—	1,40 35	—	—	—	35,34 38	—	—	—	—	39,3 35,23	—	—		19,18 36,40		—	—
17 온도	36,22 6,38	22,35 32	15,19 9	15,19 9	3,35 39,18	35,38	34,39 40,18	35,6 4	2,28 36,30	35,10 3,21	35,39 19,2	14,22 19,32	1,35 32	10,30 22,40	19,13 39	19,18 36,40		32,30 21,16	19,15 3,17	
18 밝기	19,1 32	2,35 32	19,32 16		19,32 26	—	2,13 10	—	10,13 19 6	26,19 6		32,30	32,3 27	35,19	2,19 6	—	32,35 19		32,1 19	32,35 1,15
19 움직이는 물체 소비에너지	12,18 28,31	—	12,28	—	15,19 25	—	35,13 18	—	8,35	16,26 21,2	23,14 25	12,2 29	19,13 17,24	5,19 9,35	28,35 6,18	—	19,24 3,14	2,15 19		
20 정지한 물체의 소비에너지	—	19,9 6,27	—	—	—	—	—	—	—	—	36,37	—	27,4 29,18	35	—	—	—	19,2 35,32	—	
21 동력	8,36 38,31	19,26 17,27	1,10 35,37	—	19,38	17,32 13,38	35,6 38	30,6 25	15,35 2	26,2 36,35	22,10 35	29,14 2,40	35,32 15,31	26,10 28	19,35 10,38	16	2,14 17,25	16,6 19	16,6 19,37	—
22 에너지의 낭비	15,6 19,28	19,6 18,9	7,2 6,13	6,38 7	15,26 17,30	17,7 30,18	7,18 23	7	16,35 38	36,38		—	14,2 39,6	26	—	—	19,38 7	1,13 32,15		—
23 물질의 낭비	35,6 23,40	35,6 22,32	14,29 10,39	10,28 24	35,2 10,31	10,18 39,31	1,29 30,36	3,39 18,31	10,13 28,38	14,15 18,40	3,36 37,10	29,35 3,5	2,14 30,40	35,28 31,40	28,27 18,38	27,16 18,38	21,36 39,31	1,6 13	35,18 24,5	28,27 12,31
24 정보의 손실	10,24 35	10,35 5	1,26	26	30,26	30,16		2,22	26,32		—	—	—	—	—	10	10	—	19	—
25 시간의 낭비	10,20 37,35	10,20 26,5	15,2 29	30,24 14,5	26,4 5,16	10,35 17,4	2,5 34,10	35,16 32,18		10,37 36,5	37,36 4	4,10 34,17	35,3 22,5	29,3 28,18	20,10 28,18	28,20 10,16	35,29 21,18	1,19 26,17	35,38 19,18	1
26 물질의 양	35,6 18,31	27,26 18,35	29,14 35,18	—	15,14 29	2,18 40,4	15,20 29	—	35,29 34,28	35,14 3	10,36 14,3	35,14	15,2 17,40	14,35 34,10	3,35 10,40	3,35 31	3,17 39	—	34,29 16,18	3,35 31
27 신뢰성	3,8 10,40	3,10 8,28	15,9 14,4	15,29 28,11	17,10 14,16	32,35 40,4	3,10 14,24	2,35 24	21,35 11,28	8,28 10,3	10,24 35,19	35,1 16,11		11,28	2,35 3,25	34,27 6,40	3,35 10	11,32 13	21,11 27,19	36,23
28 측정의 정확성	32,35 26,28	28,35 25,26	28,26 5,16	32,28 3,16	26,28 32,3	26,28 32,3	32,13 6	—	28,13 32,24	32,2	6,28 32	6,28 32	32,35 13	28,6 32	28,6 32	10,26 24	6,19 28,24	6,1 32	3,6 32	—
29 제조의 정확성	28,32 13,18	28,35 27,9	10,28 29,37	2,32 10	28,33 29,32	2,29 18,36	32,23 2	25,10 35	10,28 32	28,19 34,36	3,35	32,30 40	30,18	3,27	3,27 40	—	19,26	3,32	32,2	
30 물체에 작용 해로운 인자	22,21 27,39	2,22 13,24	17,1 39,4	1,18	22,1 33,28	27,2 39,35	22,23 37,35	34,39 19,27	21,22 35,28	13,35 39,18	22,2 37	22,1 3,35	35,24 30,18	18,35 37,1	22,15 33,28	17,1 40,33	22,33 35,2	1,19 32,13	1,24 6,27	10,2 22,37
31 해로운 부작용	19,22 5,39	35,22 1,39	17,15 16,22	—	17,2 18,39	22,1 40	17,2 40	30,18 35,4	35,28 3,23	35,28 1,40	35,1	35,40 27,39	15,35 22,2	15,22 33,31	21,39 16,22	22,35 2,24	19,24 39,32	2,35 6	19,22 18	
32 제조의 용이성	28,29 15,16	1,27 36,13	1,29 13,17	15,17 27	13,1 26,12	16,40	13,29 1,40	35	35,13 8,1	35,12	35,19 1,37	1,28 13,27	11,13 1	1,3 10,32	27,1 4	35,16	27,26 18	28,24 27,1	28,26 27,1	1,4
33 사용의 편의성	25,2 13,15	6,13 1,25	1,17 13,12	—	1,17 13,16	18,16 15,39	1,16 35,15	4,18 39,31	18,13 34	28,13 35	2,32 12	15,34 29,28	32,35 30	32,40 3,28	29,3 8,25	1,16 25	26,27 13	13,17 1,24	1,13 24	—
34 수리의 용이성	2,27 35,11	2,27 35,11	1,28 10,25	3,18 31	15,13 32	16,25	25,2 35,11	1	34,9	1,11 10	13	1,13 2,4	2,35	11,1 2,9	11,29 28,27	1	4,10	15,1 13	15,1 28,16	—
35 적응성	1,6 15,8	19,15 29,16	35,1 29,2	1,35 16	35,30 29,7	15,16	15,35 29	—	35,10 14	15,17 20	35,16	15,37 1,8	35,30 14	35,3 32,6	13,1 35	2,16	27,2 3,35	6,22 26,1	19,35 29,13	—
36 장치의 복잡성	26,30 34,36	2,26 35,39	1,19 26,24	26	14,1 13,16	6,36	34,26 6	1,16	34,10 28	26,16	19,1 35	29,13 28,15	2,22 17,19	2,13 28	10,4 28,15	—	2,17 13	24,17 13	27,2 29,28	—
37 제어의 복잡성	27,26 28,13	6,13 28,1	16,17 26,24	26	2,13 18,17	2,39 30,16	29,1 4,16	2,18 26,31	3,4 16,35	30,28 40,19	35,36 37,32	27,13 1,39	11,22 39,30	27,3 15,28	19,29 39,25	25,34 6,35	3,27 35,16	2,24 26	35,38	19,35 16
38 자동화 수준	28,26 18,35	28,26 35,10	14,13 17,28	23	17,14 13	—	35,13 16	—	28,10	2,35	13,35	15,32 1,13	18,1	25,13	6,9	—	26,2 19	8,32 19	2,32 13	—
39 생산성	35,26 24,37	28,27 15,3	18,4 28,38	30,7 14,26	10,26 34,31	10,35 17,7	2,6 34,10	35,37 10,2		28,15 10,36	10,37 14	14,10 34,40	35,3 22,39	29,28 10,18	35,10 2,18	20,10 16,38	35,21 28,10	26,17 19,1	35,10 38,19	1

한 특성을 개선하려 할 때 악화되는 다른 특성 (columns 21–39)

	21	22	23	24	25	26	27	28	29	30	31	32	33	34	35	36	37	38	39	40가지 발명원리	
	12,36 18,31	6,2 34,19	5,35 3,31	10,24 35	10,35 20,28	3,26 18,31	3,11 1,27	28,27 35,26	28,35 26,18	22,21 18,27	22,35 31,39	27,28 1,36	35,3 2,24	2,27 28,11	29,5 15,8	26,30 36,34	28,29 26,32	26,35 18,19	35,3 24,37	분할/세분화	1
	15,19 18,22	18,19 28,15	5,8 13,30	10,15 35	10,20 35,26	19,6 18,26	10,28 8,3	18,26 28	10,1 35,17	2,19 22,37	35,22 1,39	28,1 9	6,13 1,32	2,27 28,11	19,15 29	1,10 26,39	25,28 17,15	2,26 35	1,28 15,35	추출/분리/적출	2
	1,35	7,2 35,39	4,29 23,10	1,24	15,2 29	29,35	10,14 29,40	28,32 4	10,28 29,37	1,15 17,24	17,15	1,29 17	15,29 35,4	1,28 10	14,15 1,16	1,19 26,24	35,1 26,24	17,24 26,16	14,4 28,29	국소적 성질/국부적 품질	3
	12,8	6,28	10,28 24,35	24,26	30,29	–	15,29 28	32,28	2,32 10	1,18	–	15,17 27	2,25	3	1,35	1,26	26	–	30,14 7,26	비대칭	4
	19,10 32,18	15,17 30,26	10,35 2,39	30,26	26,4	29,30 6,13	29,9	26,28 32,3	2,32	22,33 28,1	17,2 18,39	13,1 26,24	15,17 13,16	15,13 10,1	15,30	14,1 13	2,36 26,18	14,30 28,23	10,26 34,2	통합/결합/병합	5
	17,32	17,7 30	10,14 18,39	30,16	10,35 4,18	2,18 40,4	32,35 40,4	26,28 32,3	2,29 18,36	27,2 39,35	22,1 40	40,16	16,4	16	15,16	1,18 36	2,35 30,18	23	10,15 17,7	범용성/다용도	6
	35,6 13,18	7,15 13,16	36,39 34,10	2,22	2,6 34,10	29,30 7	14,1 40,11	26,28	25,28 2,16	22,21 27,35	17,2 40,1	29,1 40	15,13 30,12	10	15,29	26,1	29,26 4	35,34 16,24	10,6 2,34	포개기/안에집어넣기	7
	30,6	–	10,39 35,34	–	35,16 32,18	35,3	2,35 16	–	35,10 25	34,39 19,27	30,18 35,4	35	–	1	–	1,31	2,17 26	–	35,37 10,2	공중부양	8
	19,35 38,2	14,20 19,35	10,13 28,38	13,26	–	18,19 29,38	11,35 27,28	28,32 1,24	10,28 32,25	1,28 35,23	2,24 35,21	35,13 8,1	32,28 13,12	34,2 28,27	15,10 26	10,28 4,34	3,34 27,16	10,18	–	선행반대조치	9
	19,35 18,37	14,15	8,35 40,5	–	10,37 36	14,29 18,36	3,35 13,21	35,10 23,24	28,29 37,36	1,3 40,18	13,35 36,24	15,37 18,1	1,28 3,25	15,1 11	15,17 18,20	26,35 10,18	36,37 10,19	2,35	3,28 35,37	선행조치/예비작용	10
	10,35 14	2,36 25	10,36 3,37	–	37,36 4	10,14 36	10,13 19,35	6,28 25	3,35	22,2 37	2,33 27,18	1,35 16	11	2	35	19,1 35	2,36 37	35,24	10,14 35,37	사전예방조치/사전보호	11
	4,6 2	14	35,29 3,5	–	14,10 34,17	36,22	10,40 16	28,32 1	32,30 40	22,1 2,35	35,1	1,32 17,28	32,15 26	2,13 1	1,15 29	16,29 1,28	15,13 39	15,1 32	17,26 34,10	높이 맞추기/휘리기	12
	32,35 27,31	14,2 39,6	2,14 30,40	–	35,27	15,32 35	–	13	18	35,24 30,18	35,40 27,39	35,19	32,35 30	2,35 10,16	35,30 34,2	2,35 22,26	35,22 39,23	1,8	23,35 40,3	반대로 하기	13
	10,26 35,28	35,28 31,40		29,3 28,10	29,10 27	11,3	3,27 16	3,27		18,35 37,1	15,35 22	11,3 10,32	32,40 25,2	27,11 3	15,3 32	2,13 25,28	27,3 15,40	15	29,35 10,14	구형화/타원체/곡선화	14
	19,10 35,38	–	28,27 3,18	10	20,10 28,18	3,35 10,40	11,2 13	–	3,27 16,40	22,15 33,28	21,39 16,22	27,1 4	12,27	29,10 27	1,35 13	10,4 29,15	19,29 39,35	6,10	35,17 14,19	유연성/자유도 증가	15
	16	–	27,16 18,38	10	28,20 10,16	3,35 31	34,27 6,40	10,26 24	–	17,1 40,33	22	35,10	1	1	2	–	25,34 6,35	1	20,10 16,38	과부족 조치/초과조치	16
	2,14 17,25	21,17 35,38	21,36 29,31	–	35,28 21,18	3,17 30,39	19,35 3,10	32,19 24	24	22,33 35,2	22,35 2,24	26,27	26,27	4,10 16	2,18 27	2,17 16	3,27 35,31	26,2 19,16	15,28 35	차원 바꾸기	17
	32	13,16 1,6	13,1	1,6	19,1 26,17	1,19	–	11,15 32	3,32	15,19	35,19	19,35 28,26	28,26 19	15,17 13,16	15,1 19	6,32 13	32,15	2,26 10	2,25 16	기계적 진동	18
	6,19 37,18	12,22 15,24	35,24 18,5	–	35,38 19,18	34,23 16,18	19,21 11,27	3,1	–	1,35 6,27	35,38	19,35 28,26	28,26 19	1,15 17,28	15,17 13,16	2,29 27,28	35,38		12,28 35	주기적 작용	19
	–	–	28,27 18,31	–	3,35 31	10,36 23	–	–	–	10,2 22,37	19,22 18	1,4	–	–	–	19,35 16,25	–	–	1,6	유용한 작용 지속	20
	–	10,35 38	28,27 18,38	10,19	35,20 10,6	4,34 19	19,24 26,31	32,15 2	–	19,22 31,2	2,35 18	26,10 34	26,35 10	35,2 10,34	19,17 34	20,19 30,34	19,35 16	28,2 17	28,35 34	고속처리/건너뛰기	21
	3,38	–	35,27 2,37	19,10	10,18 32,7	7,18 25	11,10 35	32	–	21,22 35,2	21,35 2,22	35,32 1	2,19	–	7,23	35,3 15,23	2	28,10	10,19 29,35	전화위복/유해물이용	22
	28,27 18,38	35,27 2,31	–	–	15,18 35,10	6,3 10,24	10,29 39,35	16,34 31,28	35,10 24,31	33,22 30,40	10,1 34,29	15,34 33	32,28 2,24	2,35 34,27	15,10 2	35,10 28,24	35,18 10,13	35,10 18	28,35 10,23	피드백	23
	10,19	19,10	–	–	24,26 28,32	24,28 35	10,28 23	–	–	22,10 1	10,21 22	32	27,22	–	–	35,33	35	–	13,23 15	매개체/중간매개물	24
	35,20 10,6	10,5 18,32	35,18 10,39	24,26 28,32	–	35,38 18,16	10,30 4	24,34 28,32	24,26 28,18	35,18 34	35,22 18,39	35,28 34,4	4,28 10,34	32,1 10	35,28	6,29	18,28 32,10	24,28 35,30	–	셀프 서비스	25
	35	7,18 25	6,3 10,24	24,28 35	35,38 18,16	–	18,3 28,40	13,2 28	33,30	35,33	3,35 40,39	29,1 35,27	35,29 25,10	2,32 10,25	15,3 29	3,13 27,10	3,27 29,18	8,35	13,29 3,27	복제/대체수단/복사	26
	21,11 26,31	10,11 35	10,35 29,39	10,28	10,30 4	21,28 40,3	–	32,3 11,23	11,32 1	27,35 2,40	35,2 40,26	–	27,17 40	1,11	13,35 8,24	13,35 1	27,40 28	11,13 27	1,35 29,38	일회용품/싸고 짧은 수명	27
	3,6 32	26,32 27	10,16 31,28	–	24,34 28,32	2,6 32	5,11 1,23	–	–	28,24 22,26	3,33 39,10	6,35 25,18	1,13 17,34	1,32 13,11	13,35 2	27,35 10,34	26,24 32,28	28,2 10,34	10,34 28,32	기계시스템의 대체	28
	32,2	13,32 2	35,31 10,24	–	32,26 28,18	32,30	11,32 1	–	–	26,28 10,36	4,17 34,26	–	1,32 35,23	25,10	–	26,2 18		26,28 18,23	10,18 32,39	공기/유압식 구조	29
	19,22 31,2	21,22 35,2	33,22 19,40	22,10 2	35,18 34	35,33 29,31	27,24 2,40	28,33 23,26	26,28 10,18	–	–	24,35 2	2,25 28,39	35,10 2	35,11 22,31	22,19 29,40	22,19 29,40	33,3 34	22,35 13,24	유연막/박막	30
	2,35 18	21,35 2,22	10,1 34	10,21 29	1,22	3,24 39,1	24,2 40,39	3,33 26	4,17 34,26	–	–	–	–	–	19,1 31	2,21 27,1	2	–	22,35 18,39	다공성소재/다공질	31
	27,1 12,24	19,35	15,34 33	32,24 18,16	35,28 34,4	35,23 1,24	–	1,35 12,18	–	24,2	–	–	2,5 13,16	35,1,25 11,9	2,13 15	27,26 1	6,28 11,1	8,28 1	35,1 10,28	색깔 변경	32
	35,34 2,10	2,19 13	29,32 2,24	–	4,28 10,34	12,35	17,27 8,40	25,13 2,34	1,32 35,23	2,25 28,39	–	2,5 12	–	12,26 1,32	15,34 1,16	32,26 12,17	–	1,34 12,3	15,1 28	동질성	33
	15,10 32,2	15,1 32,19	2,35 34,27	–	32,1 10,25	2,28 10,25	11,10 1,16	10,2 13	25,10	35,10 2,16	–	1,35 11,10	1,12 26,15	–	7,1 4,16	35,1,25 13,11	–	34,35 7,13	1,32 10	폐기 및 재생	34
	19,1 29	18,15 1	15,10 2,13	–	35,28	3,35 15	35,13 8,24	35,5 1,10	–	35,11 32,31	–	1,13 31	1,12 16,7	1,16 7,4	–	15,29 37,28	1	27,34 35	35,28 6,37	속성 변화/특성 변화	35
	20,19 30,34	10,35 13,2	35,10 28,29	–	6,29	13,3 27,10	13,35 1	2,26 10,34	26,24 32	22,19 29,40	19,1	27,26 1,13	27,9 26,24	1,13	29,15 28,37	–	15,10 37,28	15,1 24	12,17 28	상전이/상태전이	36
	19,1 16,10	35,3 15,19	1,18 10,24	35,33 27,22	18,28 32,9	3,27 29,18	27,40 28,8	26,24 32,28	–	22,19 29,28	2,21	5,28 11,29	2,5 12,26	1,15	15,10 37,28	–		34,21	35,18	열팽창	37
	28,2 27	23,28	35,10 18,5	35,33	24,28 35,30	35,13	11,27 32	28,26 10,34	28,26 18,23	2,33	2	1,26 13	1,12 34,3	1,35 13	27,4 1,35	15,24 10	34,27 25	–	5,12 35,26	산화가속/강한 산화제	38
	35,20 10	28,10 29,35	28,10 35,23	13,15 23	–	35,38	1,35 10,38	1,10 34,28	18,10 32,1	22,35 13,24	35,22 18,39	35,28 2,24	1,28 7,10	1,32 10,25	1,35 28,37	12,17 28,24	35,18 27,2	5,12 35,26	–	비활성 환경/불활성 환경	39
																				복합 재료	40

트리즈 39가지 파라미터와 40가지 발명 원리

	파라미터		발명 원리
1	움직이려는 물체의 무게	1	분할 (Segmentation)
2	정지한 물체의 무게	2	추출 (Extraction)
3	움직이는 물체의 길이	3	국부적 품질 (Local Quality)
4	정지한 물체의 길이	4	비대칭 (Asymmetry)
5	움직이는 물체의 면적	5	통합 (Consolidation)
6	정지한 물체의 면적	6	다용도 (Multifunction)
7	움직이는 물체의 부피	7	포개기 (Nesting)
8	정지한 물체의 부피	8	공중부양 / 균형추 (Counterweight)
9	속도	9	사전반대조치 (Preliminary Counter Action)
10	힘	10	사전조치 (Preliminary Action)
11	장력/압력	11	사전예방조치 (Preliminary Compensation)
12	모양	12	굴리기/높이맞추기 (Equipotentiality)
13	물체의 안정성	13	거꾸로 하기 (Do it Reverse)
14	강도	14	곡선화, 구형화 (Curvature Increase)
15	움직이는 물체의 지속성	15	자유도 증가 (Dynamicity)
16	정지한 물체의 지속성	16	초과나 부족 (Excess, Shortage)
17	온도	17	차원변경 (Dimension Change)
18	밝기	18	진동 (Vibration)
19	움직이는 물체의 소비 에너지	19	주기적 작용 (Periodic Action)
20	정지한 물체의 소비 에너지	20	유용한 작용의 지속 (Continuity of Useful Action)
21	동력	21	급히 통과 (Rushing Through)
22	에너지 낭비	22	전화위복 (Convert Harmful to Useful)
23	물질의 낭비	23	피드백 (Feedback)
24	정보의 손실	24	중간매개물 (Intermediate)
25	시간의 낭비	25	셀프서비스 (Self-Service)
26	물질의 양	26	복사 (Copy)
27	신뢰성	27	값싸고 짧은 수명, 일회용 (Sheap Short Life)
28	측정의 정확성	28	기계 시스템의 대체 (Replacing Mechanical System)

29	제조의 정확성	29	공기 및 유압 사용 (Pneumatics & Hydraulics System)
30	물체에 작용하는 해로운 인자	30	유연한 막과 얇은 필름 (Flexible Membranes & Thin Film)
31	해로운 부작용	31	다공성 물질 (Porous Material)
32	제조의 용이성	32	색깔 변화 (Changing Color)
33	사용의 편의성	33	동질성 (Homogeneity)
34	수리의 용이성	34	폐기 및 재생 (Rejection & Regeneration)
35	적응성	35	속성변화 (Parameter change)
36	장치의 복잡성	36	상전이 (Phase Transformation)
37	제어의 복잡성	37	열팽창 (Thermal Expansion)
38	자동화 수준	38	산화가속 (Accelerated Oxidation)
39	생산성	39	불활성 환경 (Inert Environment)
		40	복합재료 (Composite Material)

트리즈 적용 절차를 살펴보자.

1. 모순을 파악한다. 모순이 파악되면 좋아지는 특성과 나빠지는 특성이 나온다.
2. 각 특성에 해당되는 39가지 파라미터를 정한다.
3. 트리즈 매트릭스에 각 파라미터에 해당하는 발명 이론을 찾는다.
4. 발명 이론을 적용한다.
5. 해결책을 구상한다.

스마트폰을 다시 예로 들어보자. 좋아지는 특성은 뭘까? 배터리의 수명이다. 나빠지는 특성은? 크기와 무게 증가다. 39가지 파라미터에서 해당하는 것을 찾아보자. 배터리의 수명은 21번 동력에 해당한다. 크기는 2번의 정지한 물체의 무게에 해당한다. 여러분은 다른 파라미터를 찾았다고? 맞다. 얼마든지 다른 파라미터를 고를 수 있다. 자신의 생각을 따르자.

나의 경우, 트리즈 매트릭스에서 21번과 2번에 해당하는 발명 원리를 찾는다. 좋아지는 특성 21번과 나빠지는 특성 2번에 해당하는 발명 원리는 각각 17, 19, 26, 27번이다. 164페이지에 빨갛게 표시된 것처럼 찾으면 된다.)

한번 살펴보자.

17번은 차원 변경이다. 저차원에서 고차원으로 바꾸거나 X축을 Y축으로 바꾸는 것이다. 어떻게 적용할 수 있을까? 배터리의 밀도를 높이거나 재료를 변경하는 방식으로 저차원에서 고차원으로 바꿔 보면 어떨까? 배터리 용량이 늘어나도 크기나 무게는 그대로일 것이다. 요즘 시장에서 적용되고 있는 기술이기도 하다.

19번은 주기적 작용이다. 작용 주기를 바꾸라는 말이다. 배터리 충전 주기를 바꾸면 어떨까? 배터리 수명이 짧아지는 대신 아무데서나 자주, 쉽게 충전할 수 있도록 환경을 바꿔 보는 것이다. 또는 무선 충전 기술을 이용하여 사용자도 모르게 자동으로 충전되도록 하면 된다. 실제로 무선 충전을 이용해 자동으로 충전되는 기술은 개발되고 있다.

26번은 복사다. 똑같은 것을 또 만든다는 의미다. 똑같은 스마트폰을 하나 더 들고 다니라는 걸까? 오, 해결책이라고 하기엔 돈이 너무 많이 든다. 하지만 아이디어는 열린 환경에서 나오는 것이니 또 다른 가능성으로 열어두자.

27번은 값싸고 짧은 수명, 일회용이다. 사용되는 물품을 값싼 일회용으로 만드는 것이다. 스마트폰을 일회용으로 만들어 버리면 어떨까? 개념 자체를 바꿔 배터리 수명 걱정 같은 건 안 하도록 말이다. 좀 엉뚱하지만 또 다른 해결책이 될 수도 있을 것 같다.

이처럼 트리즈를 이용하면 발명 아이디어에 대한 힌트를 얻을 수 있다. 그러니 머리가 굳거나 창의력이 없어서, 또는 아이디어가 없어서 발명을 못 한다는 생각은 말자. 발명은 누구나 할 수 있다.

트리즈에 대해 더 궁금하다면 관련 서적을 찾아보시라. 여기 소개한 39가지 파라미터를 40가지 발명 원리에 적용하는 방법은 트리즈를 이용하는 방법 중에서 극히 일부분일 뿐이다.

만다라트 Mandal-art

만다라트는 일본의 디자이너 이마이즈미 히로아키가 개발한 발상 기법이다. 트리즈는 모순을 분석하고 39가지 파라미터에 넣고 40가지 발명 이론을 찾아보는 과정이 있어 좀 복잡하다. 또 익숙해지기까지 시간도 좀 필요하다. 하지만 만다라트는 간단하다. 트리즈보다 쉽게 아이디어를 생각해 낼 수 있는 방법이다. 제대로 한다면 무척 다양한 아이디어를 뽑아낼 수 있다.

커다란 정사각형을 가로 세 칸, 세로 세 칸으로 나누어 총 아홉 칸을 그린 뒤 가운데 칸에 정해진 아이템를 적는다. 예를 들어, 컵에 대한 아이디어를 뽑아내고 싶다면 가운데 칸에 '컵'이라고 쓴다. 그 다음 컵을 둘러싸고 있는 사각형에, 컵에서 연상되는 아이디어를 무작위로 적는다. 총 여덟 개의 아이디어를 적을 수 있다. 이어서 여덟 개의 아이디어 각각에 대해서도 처음과 똑같이 사각형을 만들어 진행할 수 있다.

그림처럼 진행하면 여덟 개의 아이디어에 대해 각각 여덟 개

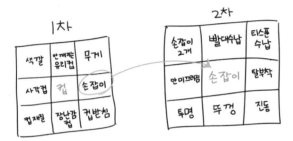

1차

색깔	안깨지는 유리컵	무게
사각컵	컵	손잡이
컵재질	장난감 컵	컵받침

2차

손잡이 2개	빨대수납	티스푼 수납
안미끄럼	손잡이	탈부착
투명	뚜껑	진동

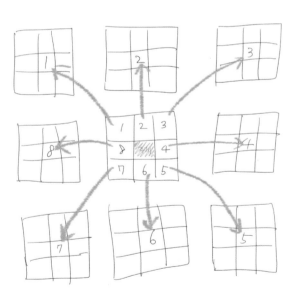

씩 아이디어를 구상했으니 총 64개의 아이디어를 얻을 수 있다. 인내심을 갖고 여덟 개씩 아이디어를 늘려가다 보면 무한대의 아이디어를 얻을 수 있다. 아이디어를 내면서 점차 바람직한 방향성이 정해지면서 이를 토대로 새로운 발명을 할 수 있게 되는 것이다.

만다라트는 발명뿐만 아니라 광고 기획이나 사업 기획에서도 많이 쓰이고 있다. 실생활에서 개인적으로 해결해야 할 문제가 있을 때도 얼마든지 활용할 수 있다.

그 밖에도 아이디어를 떠올리는 기법은 여러 가지가 있다. 이들을 활용한다면 생활 속의 불편함을 제법 쉽게 발명으로 연결시킬 수 있다. 이제 발명 아이디어를 특허로 연결시킬 차례이다.

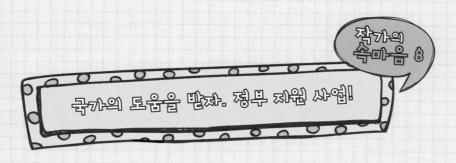

국가의 도움을 받자, 정부 지원 사업!

발명을 하고 수익을 얻으라니 조금 막막할 것이다. 그런데 인터넷을 조금만 찾아보면 정부에서 진행하는 각종 지원 사업이 꽤 많다. 발명품을 가지고 이를 사업화하도록 도와주는 공익사업이 있다는 말이다. 이런 저런 지원 사업을 잘 이용한다면 나만의 특허로 수익까지 얻는 일이 먼 나라 이야기는 아닐 것이다.

앞서 소개한 이정미 제이엠그린 대표는 2013년 5월 중앙일보와의 인터뷰에서, "한국은 40대 아줌마가 종잣돈 없이도 회사를 세우고, 홈쇼핑 황금 시간대에 진출할 수 있는 나라"라고 이야기했다. 내 생각엔 40대 아저씨도 종잣돈 없이 회사를 세우고 홈쇼핑에 진출할 수 있을 것 같다.

지원 사업에는 어떤 것들이 있을까? 이정미 대표가 지원 받았던 코스를 따라가 보자.

특허 출원 시 지역지식재산센터의 특허 출원 지원 제도를 이용할 수 있다. IP Start-Up이라는 사업이다. 특허 출원 비용을 건당 130만 원까지 지원해 준다. 출원 방법부터 모르겠다면 공익변리사 특허상담센터를 이용할 수 있다. 온라인 상담도 가능하며 예약 시 방문 상담도 가능하다.

특허 출원이 끝나면 시제품 제작을 해야 한다. 시제품이 있어야 투자를 받을 수 있기 때문이다. 시제품 제작은 지식경제부의 아이디어 상업화 지원 사업이나 중소기업청의 시제품 제작 지원 사업을 이용할 수 있다.

시장 조사나 사무실 임대는 중소기업청이나 창업보육센터의 프로그램을 이용할 수 있다. 창업보육센터에 입주하면 시장 조사에서 시제품 제작, 시장 진출 지원, 전문가 멘토링까지 받을 수 있다.

시제품도 제작하고 시장 조사도 끝났다면 제품 생산을 해야 한다. 제품 생산에 필요한 자금은 중소기업진흥공단의 창업기업지원자금 사업이나 기술보증기금 저금리 대출 등을 이용할 수 있다.

제품을 제작했다면 팔아야 한다. 판로 개척에는 여러 가지 방법이 있는데, 이정미 대표의 경우 중소기업진흥공단의 히트500 사업을 이용했다. 히트 500 사업 지원 기업에 선정되면 온라인 홍보 및 제품 체험단 운영 등 수요처 발굴 지원을 받을 수 있다.

홍보는 창업진흥원의 홍보마케팅 지원 사업을 이용할 수 있고, 사업이 잘 돼서 해외 진출을 생각한다면 중소기업진흥공단의 수출초보기업 지원 사업을 이용할 수 있다.

여기 소개한 것 외에도 인터넷에서 클릭 몇 번으로 확인할 수 있는 수많은 지원 사업들이 있다. 막상 내용을 읽어 보면 발명으로 수익을 내는 일이 그리 어려운 일은 아니라는 느낌이 들 것이다. 거기서부터 시작하면 된다.

발명 아이디어는 특허로 등록되기까지 두 단계를 거친다. 첫째, 특허를 출원한다. 둘째, 특허로 등록된다. 정말 간단하지 않은가? 출원하고 등록 받으면 끝이다. 물론 둘 사이에 '심사'라는 과정이 있다. 어떤 아이디어라도 특허로 출원할 수는 있지만, 심사의 장벽을 넘지 못하면 특허로 등록되지 않는다.

그럼 심사는 어떻게 이루어질까? 지금부터 심사 과정과 출원 전후, 그리고 등록 전후의 과정을 살펴보자. 중간중간 우리가 별다른 제약 없이 이용할 수 있는 특허에 대해서도 나오니 이 부분을 관심 있게 보자.

그리고 몇 가지 근거가 되는 특허법 조문의 일부를 담았는데

이 부분은 너무 어렵게 생각하지 말자. 법 조문이라 문체가 익숙하지 않을 뿐, 읽어 보면 이해하기 어려운 말도 아니다.

특허 출원하는 아이디어의 조건, 그림보다 글!

발명 아이디어를 특허 출원하려면 우선 아이디어를 글로 표현해야 한다. 글로 표현되지 않으면 아무것도 할 수 없다. 글만으로 모든 것을 표현할 수 없을 때는 아이디어의 이해를 돕기 위해 도면을 첨부하는 경우도 있다. 당연한 말이지만, 기계 장치나 도구와 같은 발명 아이디어를 설명하려면 도면은 필수다. 하지만 도면은 어디까지나 보조 수단일 뿐, 특허 출원할 때 발명 아이디어는 꼭 글로 표현되어야 한다는 점을 명심하자.

특허 출원을 위해 발명 아이디어를 글로 쓴 것을 특허 명세서라고 한다. 특허를 글로 쓴다는 말은 곧 특허 명세서를 작성한다는 말이다. 특허 명세서를 작성하는 궁극적인 이유는 특허 청구범위를 쓰기 위해서다. 특허 청구범위 없이도 특허를 출원할 수는 있지만, 특허 청구범위가 없으면 특허로 등록되지 않는다. 만

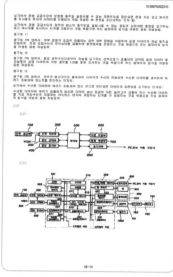

약 특허 청구범위가 없는 상태로 특허를 출원했다면, 특허법 제
42조2에 따라 1년 2개월 안에 특허 명세서에 특허 청구범위를 추
가해야 한다. 그렇지 않으면 그 특허 출원은 형장의 이슬처럼 사
라진다. 특허 청구범위는 내가 특허법으로 보호 받고자 하는 내
용이다. 당연히 특허 청구범위가 있어야 특허법의 보호를 받을
수 있다. 그리고 특허법으로 보호 받겠다는 내용이 결국 발명 아
이디어의 핵심인 것이다.

제42조의 2(특허출원일 등) ① 특허출원일은 명세서 및 필요한 도면을 첨부한 특허출원서가 특허청장에게 도달한 날로 한다. 이 경우 명세서에 청구범위는 적지 아니할 수 있으나, 발명의 설명은 적어야 한다.

② 특허출원인은 제1항 후단에 따라 특허출원서에 최초로 첨부한 명세서에 청구범위를 적지 아니한 경우에는 제64조 제1항 각 호의 구분에 따른 날부터 **1년 2개월이 되는 날까지 명세서에 청구범위를 적는 보정을 하여야 한다.** 다만, 본문에 따른 기한 이전에 제60조 제3항에 따른 출원심사 청구의 취지를 통지 받은 경우에는 그 통지를 받은 날부터 3개월이 되는 날 또는 제64조 제1항 각 호의 구분에 따른 날부터 1년 2개월이 되는 날 중 빠른 날까지 보정을 하여야 한다.

③ 특허출원인이 제2항에 따른 보정을 하지 아니한 경우에는 제2항에 따른 기한이 되는 날의 다음 날에 해당 특허출원을 취하한 것으로 본다.

앞서 특허의 궁극적인 목적은 다른 사람들이 발명을 이용하게 하기 위한 것이라고 했다. 그러니 특허 명세서는 반드시 내가 아닌 다른 사람이 이해할 수 있도록 쓰여져야 한다. 글로 쓰여져 있더라도 다른 사람이 이해하기 어렵거나 앞뒤가 맞지 않는 내용으로 기재되어 있으면 안 된다. 특허법 제42조 3항에는 "그 발명을 쉽게 실시할 수 있도록 명확하고 상세하게 적을 것" 이라고 되어 있다. 즉, 특허 명세서가 이해할 수 없게 쓰여져 있으면 당연히 특허 등록을 받을 수 없다.

특허 출원인에게는 아쉬운 일이지만, 특허 명세서를 제대로 작성하지 않아 특허 등록을 받지 못하는 경우가 실제로 꽤 많다. 특허법 제42조를 충족시키지 못해 특허로 등록되지 못하고 사장되는 것이다. 발명 아이디어를 앞뒤를 따져 글로 잘 표현하면 되는 것뿐인데 말이다. 특허법 제42조에 의해 특허 등록이 안 되는 특허들은 개인 발명가들의 특허가 많은 부분을 차지한다. 여기에는 일상에서 활용할 수 있는 아이디어들이 굉장히 많다. 우리는 이런 특허에 관심을 가져야 한다.

제42조(특허출원) ① 특허를 받으려는 자는 다음 각 호의 사항을 적은 특허출원서를 특허청장에게 제출하여야 한다.

1. 특허출원인의 성명 및 주소(법인인 경우에는 그 명칭 및 영업소의 소재지)

2. 특허출원인의 대리인이 있는 경우에는 그 대리인의 성명 및 주소나 영업소의 소재지[대리인이 특허법인ㆍ특허법인(유한)인 경우에는 그 명칭, 사무소의 소재지 및 지정된 변리사의 성명]

3. 발명의 명칭

4. 발명자의 성명 및 주소

② 제1항에 따른 특허출원서에는 발명의 설명ㆍ청구범위를 적은 명세서와 필요한 도면 및 요약서를 첨부하여야 한다.

③ 제2항에 따른 발명의 설명은 다음 각 호의 요건을 모두 충족하여야 한다.

1. 그 발명이 속하는 기술분야에서 통상의 지식을 가진 사람이 **그 발명을 쉽게 실시할 수 있도록 명확하고 상세하게 적을 것**

2. 그 발명의 배경이 되는 기술을 적을 것

④ 제2항에 따른 청구범위에는 보호받으려는 사항을 적은 항(이하 "청구항"이라 한다)이 하나 이상 있어야 하며, 그 청구항은 다음 각 호의 요건을 모두 충족하여야 한다.

1. 발명의 설명에 의하여 뒷받침될 것

2. 발명이 명확하고 간결하게 적혀 있을 것

출원하고 가만히 있으면 안 된다, 심사 청구!

글로 쓰인 특허 명세서가 준비되면 특허청 홈페이지에 접속해서 온라인으로 특허 출원을 하면 된다. 또는 특허 출원서 양식을 작성하여 특허 명세서와 함께 특허청에 직접 제출해도 된다. 인터넷에서 하든 직접 가서 하든 반드시 작성해야 할 것이 특허 출원서이다. 특허 출원서에는 출원인 및 발명자의 정보와 한글 및 영어로 된 발명의 명칭을 적는다. 첨부 서류로 특허 명세서를 함께 제출한 후 특허 출원료를 납부하면 특허 출원 과정이 모두 끝난다. 성공적으로 접수가 되었다면 특허 출원인은 특허출원번호를 부여받는다.

특허 출원이 끝났다면 특허 등록이 될 때까지 기다리고 있으면 될까? 아니다. 심사 청구라는 걸 해야 한다. 이걸 하지 않으면 심사가 이루어지지 않는다. 예전에는 출원한 특허 모두가 심사 과정을 거쳤다. 특별한 사유가 없는 한 기술 분야에 따라 출원된 순서대로 심사가 이루어졌다. 그런데 기술이 눈부시게 발전하면서 출원량도 엄청나게 늘기 시작했다. 우리나라는 전 세계에서 중국, 일본, 미국에 이어 4번째로 특허 출원이 많은 나라이다. 아마도 인구수 대비 특허 출원량은 세계 최고 수준일 것이

세계일보

2014년 05월 27일 화요일
016면 경제

"한국, 특허 출원 건수 G20국중 4위"

톰슨 로이터 '2014 성과 보고서'

황계식 기자

우리나라에서 출원한 특허 건수가 주요 20개국(G20) 가운데 4번째로 많은 것으로 나타났다.

26일 톰슨 로이터가 최근 발간한 '2014 G20의 연구 및 혁신 성과 보고서'를 보면 2012년 한국 특허청에 출원된 특허는 약 9만건으로 집계됐다. 2003년 7만여건을 출원한 것과 비교하면 10년 사이 30% 늘어난 수치다. 이 가운데 우리나라 기업 및 기관이 출원한 특허가 70%를 차지했다. 가장 많은 특허를 출원한 곳이 LG, 삼성 등 모두 국내 기업이다. 세계 10대 기술 가운데 우리나라 특허가 두각을 나타낸 분야는 반도체 재료 및 공정, 자동차 전기장치, 전화 및 데이터 전송 등이다.

우리나라보다 자국 특허청에 특허를 많이 출원한 국가는 중국(약 40만건), 일본(약 25만건), 미국(약 18만건)이다. 중국의 특허 출원 건수는 2003년 4만건에서 900% 늘어났다. 정부 차원에서 특허 출원 사업을 장려한 결과라고 톰슨 로이터는 설명했다. 중국이 특히 두각을 나타내는 특허 분야는 천연물(natural product)과 공학기술(engineering instrument)이다.

한국의 특허 출원
순위에 대한 기사

다. 이렇게 출원량이 많다 보니 심사가 다 될 때까지 너무 많은 시간이 지체되기 시작했다. 그래서 심사 청구를 해야만 심사가 되도록 제도가 바뀌었다. 이제는 심사 청구되는 순서대로 심사가 이루어지는 것이다.

심사 청구는 심사 청구료를 내면 된다. (특허의 과정은 지출의 연속이다!) 아무 때나 가능한 것이 아니라 특허 출원일로부터 5년 이내에 해야 한다. 5년이 지나도 심사 청구를 하지 않으면 그 특허는 취하된다. 취하되면 당연히 그 특허는 등록되지 않는다. 특허는 출원 후 1년 6개월이 지나면 공개가 되므로 취하된 특허는 그냥 공개된 지식으로 남는 것이다. 우리는 이런 특허에 관심을 가져야 한다.

혹시 특허 출원을 해놓고 일부러 심사 청구를 하지 않는 경우도 있을까? 물론 있다. 기업에게는 자신들이 개발한 기술 중에서도 중요도가 떨어지는 기술이 있기 마련이다. 그렇다고 경쟁 기업이 그 기술에 대한 특허권을 가지는 건 또 안 되는 애매한 상황이 생기곤 한다. 일종의 계륵 같은 기술인데, 그럴 경우 출원만 해놓고 그냥 놔두기도 한다. 이렇게 하면 경쟁 기업은 그 기술로 특허권을 획득할 수 없게 된다. 이런 것을 방어출원이라고 한다. 우리는 이런 특허들도 눈여겨봐야 한다. 기업에게는 중요하지 않은 기술일지 몰라도 우리에게는 충분히 이용할 가치가 있을 수 있기 때문이다.

무조건 무조건이야~ 특허 공개!

특허 출원을 하고 나면 1년 6개월 후 그 특허는 무조건 공개된다. 특별한 사유로 1년 6개월 안에 출원이 취하된 경우가 아니라면 말이다. 공개란 특허 공개 공보라는 형식으로 공개되는 것이며 모든 사람이 볼 수 있는 상태가 된다.

특허가 공개되고 나면 특허 출원인은 무엇을 할 수 있을까? 특허가 공개되면 해당 특허를 이용하여 사업을 하는 사람이나 해당 특허의 물건을 판매하는 유통업자에게 향후 특허권이 침해될 수 있다는 것을 특허법 제65조에 근거하여 서면으로 경고할 수 있다. 단, 향후에 그럴 수 있다는 것이므로 경고를 한다고 당장 실질적인 효과를 보는 것은 아니다. 만약 상대방이 경고를 무시한다 해도 할 수 있는 조치는 아무것도 없다는 말이다. 하지만 나중에 특허가 등록된다면 경고한 시점부터 등록될 때까지의 손해액을 보상하라고 청구할 수 있다.

심사숙고하는 특허 심사

심사 청구가 들어가면 특허청의 심사관은 순차적으로 심사를 진행한다. 심사는 특허법 상의 특허 요건에 해당하는지 아닌지를 판단하는 과정이다. 특허청 심사관은 특허법에 따라 기계적으로 판단한다. 특허법은 꽤 객관적인 심사가 가능하도록 구성되어 있다. 그럼 특허법 상에 나와 있는 특허 요건은 과연 무엇일까? 특허 요건은 특허법 제 29조에 나와 있다.

특허법 조문

제29조(특허요건) ① 산업상 이용할 수 있는 발명으로서 다음 각 호의 어느 하나에 해당하는 것을 제외하고는 그 발명에 대하여 특허를 받을 수 있다.

1. 특허출원 전에 국내 또는 국외에서 공지(公知)되었거나 공연(公然)히 실시된 발명

2. 특허출원 전에 국내 또는 국외에서 반포된 간행물에 게재되었거나 전기통신회선을 통하여 공중(公衆)이 이용할 수 있는 발명

② 특허출원 전에 그 발명이 속하는 기술분야에서 통상의 지식을 가진 사람이 제1항 각 호의 어느 하나에 해당하는 발명에 의하여 쉽게 발명할 수 있으면 그 발명에 대해서는 제1항에도 불구하고 특허를 받을 수 없다.

특허의 첫 번째 요건 : 경제적 가치를 창출하는 발명이어야 한다

제1항을 보면 '산업상 이용할 수 있는 발명'이라는 말이 있다. 산업이란 무언가를 만들어 내는 일을 의미한다. 왜 만들까? 경제적 가치가 창출되기 때문이다. 그럼 산업상 이용할 수 있는 것과 특허는 무슨 관련이 있을까? 특허로 등록되면 독점권이 생긴다. 여기서의 독점권은 특허를 이용할 때 생기는 경제적 가치를 독점한다는 말이다. 즉, 특허권은 경제적 가치를 만들 수 있을 때 생긴다.

그런데 거의 모든 발명은 어떤 식으로든 경제적 가치를 창출한다. 경제적 가치 창출이란 단지 돈을 벌 수 있다는 뜻만은 아니다. 시간을 절약한다거나 비용을 절약한다거나, 편리함을 가져다 준다면 경제적 효과가 있다고 본다. 그래서 산업상 이용할 수 있어야 한다는 첫 번째 특허 요건은 사실 그리 큰 의미는 없다.

다만, 특허 제도에서 산업상 이용할 수 없다고 보는 것들이 몇 가지 있다. 대표적으로 의료 행위가 그렇다. 의료 행위를 위한 약품이나 기구, 장치들은 산업상 이용 가능한 것으로 보지만, 의사가 환자를 대할 때 하는 행위 자체는 산업상 이용 가능한 것으로 보지 않는다. 예를 들어, 손가락으로 인체의 특정 부위를 눌렀을 때 치료 효과가 있다는 것을 알아냈다면 이걸로 특허를 받을 수 있을까? 받지 못한다. 산업상 이용 가능하지 않기 때문이다. 만약 인체의 특정 부위를 자극했을 때 나오는 치료 효과와 관련된 특허를 받고자 한다면, 특정 부위를 누르는 장치와 같은 것으로 특허를 출원해야 한다.

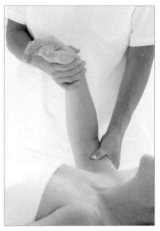

치료 행위는 특허 받을 수 없다

그리고 발명에 해당하지 않는 것들도 산업상 이용 가능성이 없다고 본다. 특허법 제2조에 따르면 발명은 자연법칙을 이용한 것이라고 정의하고 있다. 그렇다면 자연법칙을 이용하지 않거나 자연법칙에 위배되는 것은 발명이 아니다. 발명이 아닌 것에는 무엇이 있을까? 학창 시절에 배웠을 에너지 보존 법칙은 자연법칙 그 자체이기 때문에 발명의 대상이 아니다. 새로운 수학 공식을 생각해 냈어도 이건 자연법칙을 이용한 것이 아니므로 발명이 아니다. 또 무한동력장치는 열역학 제1, 2법칙이라는 자연법칙을 위배하므로 발명이 아니다. 이런 것들은 특허 출원은 가능할지 몰라도, 특허로 등록 받을 수는 없다.

제2조(정의) 이 법에서 사용하는 용어의 뜻은 다음과 같다.

1. '발명'이란 자연법칙을 이용한 기술적 사상의 창작으로서 고도(高度)한 것을 말한다.

2. "특허발명"이란 특허를 받은 발명을 말한다.

산업상 이용 가능성과는 별개로 특허 요건에 해당하지 않는 것이 한 가지 더 있다. 특허는 우리 사회가 더욱 살기 좋게 하기 위한 것이니만큼 공공의 이익에 해가 되는 발명은 특허법 제32조에 따라 특허 받을 수 없다. 예를 들어, 위조 지폐를 만드는 방법이나 자살하기 위한 도구는 특허로 등록될 수 없다는 말이다.

제32조(특허를 받을 수 없는 발명) 공공의 질서 또는 선량한 풍속에 어긋나거나 공중의 위생을 해칠 우려가 있는 발명에 대해서는 제29조 제1항에도 불구하고 특허를 받을 수 없다.

특허의 두 번째 요건 : 신규성이 있는 발명이어야 한다

두 번째 요건은 발명이 새로운 것이어야 한다는 것이다. 이와 관련하여 특허법 제29조 1항에서는 두 가지 사항이 아니라면 특허 받을 수 있다고 되어 있다. 하나, 특허 출원 전 국내외에서 공지되거나 공연된 적이 없어야 한다. 둘, 특허 출원 전 국내외에서 발행된 간행물이나 전기통신회선을 통해 공중이 이용할 수 있는 상황이 아니어야 한다.

이게 무슨 말일까?

두 가지 사항 모두 특허 받고자 하는 발명이 특허 출원 전에 일반인들에게 알려져 있으면 안 된다는 뜻이다. 공지되거나 공연된 적이 없어야 한다는 건 일반인들에게 알려지거나 보여진 적이 없어야 한다는 말이다. 또 간행물이나 전기통신회선을 통해 이용할 수 있는 상황이 아니어야 한다는 말은 인쇄된 매체나 인터넷, 방송 등을 통해 볼 수 없어야 한다는 걸 의미한다. 특허 받으려는 발명품을 비밀로 유지하면 끝나는 게 아니다. 특허 받으려는 발명과 같은 내용을 담은 문서가 일반인이 볼 수 있는 상태에 있으면 안 된다는 말이다.

새로워야 특허가 가능하다. 발명한 사람에게는 새로운 것일지라도, 어딘가에 공개되어 있었다면 새로운 것이라 할 수 없다. 특허가 출원되기 전에 이미 사람들에게 알려져 있었으니 그 발명 아이디어는 특허가 될 수 없다는 말이다. 새롭게 만들어 낸 것을 공개하는 대가로 독점권을 주는 것이니 새롭지 않으면 특허를 받을 수 없는 건 당연하다. 특허 제도에서는 이것을 신규성이라고 부른다. 신규성이 있어야 특허 받을 수 있다.

특허의 세 번째 요건 : 진보성이 있는 발명이어야 한다

그럼 경제적 가치를 창출하고 새롭다면 이제 특허가 될까? 아니다. 새롭더라도 뻔한 것이라면 특허로 등록되지 않는다. 이와 관련하여 특허법 제29조 2항에는 통상의 지식을 가진 사람이 쉽게 발명해 낼 수 있는 것은 특허 받지 못한다고 되어 있다. 그러니까 해당 기술 분야에 대해 좀 아는 사람이 쉽게 생각해 낼 수 있는 발명 아이디어는 특허가 될 수 없다는 말이다.

예를 들어, 딸기 한 송이를 초콜릿으로 감싸는 새로운 간식 거리에 대한 특허가 있다고 하자. 초콜릿에 딸기 한 송이가 들어 있는 것이다. 여기서 딸기 한 송이가 아니라, 딸기를 먹기 좋은 크기로 잘라서 초콜릿으로 감싼 간식이라면 특허 받을 수 있을까? 이런 경우는 특허 받지 못한다. 딸기를 단순히 자르는 건 너무 쉽게 떠올릴 수 있는 아이디어이기 때문이다. 이런 발명을 진보성이 없다고 한다. 즉, 특허 받으려면 진보성이 있어야 한다.

진보성은 특허 심사에서 무척 중요한 개념이다. 특허 심사에서 특허 결정을 내리지 않는 대부분의 이유가 진보성 결여 때문이다. 앞서 설명한 산업상 이용 가능성 때문에 특허 받지 못하는 경우는 극히 드물다. 또 신규성이 없어 특허 받지 못하는 경우도 많은 편은 아니다.

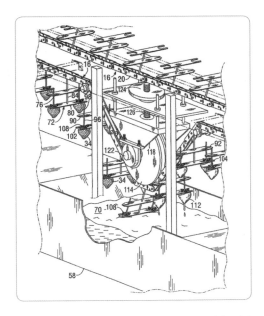

그런데 누구나 쉽게 떠올릴 수 있다는 판단은 너무 애매하다. 심사관의 주관적인 생각이 들어가는 건 아닐까 의구심이 들 수 있는 부분이다. 그래서 심사관 심사 시 진보성을 적용할 때는 대부분 둘 이상의 공개된 문건을 근거 자료로 삼는다.

만약 A + B + C로 구성된 '가'라는 특허를 심사한다고 해보자. 심사관은 A + B로 이루어져 있는 '나'라는 발명과 B + C로 이루어지는 '다'라는 발명을 찾는다. 그리고 '나'와 '다'의 결합으로 이루어지는 '가'는 통상의 지식이 있는 사람이 쉽게 실시할 수 있는 것이라는 논리로 특허를 등록시키지 않는다.

예를 들어, 딸기를 초콜릿으로 감싼 후 그 위에 슈거 파우더를

진보성으로
특허 거절하는
방법

딸기		딸기		
초코렛		초코렛		초코렛
슈가 파우더				슈가 파우더
가 (특허 불가)	=	나 (기존 특허)	+	다 (기존 특허)

뿌려 만든 간식이라는 발명 '가'를 특허 출원한 경우를 보자. 이 발명은 딸기 + 초콜릿 + 슈거 파우더로 이루어진다. 그럼 심사관은 먼저 딸기, 초콜릿, 슈거 파우더로 된 문헌을 찾을 것이다. 이때 검색 대상은 '가'라는 발명의 출원일 전에 공개된 문헌에 한한다. 그런데 딸기 + 초콜릿 + 슈거 파우더로 구성된 것을 찾지 못했다면, 심사관은 우선 딸기를 초콜릿으로 감싼 발명이 나와 있는 공개된 문헌 '나'를 찾는다. 그리고 초콜릿에 슈거 파우더를 뿌린 '다'라는 문헌을 찾는다. 그리고 통상의 지식이 있는 사람이 '나' 문헌과 '다' 문헌을 바탕으로 '가'라는 발명을 쉽게 실시할 수 있다고 하면서 특허를 등록시키지 않는 것이다.

특허로 등록될 수 없는 이유를 발견했을 때 심사관은 특허 결정을 '거절'한다고 한다. 그리고 특허 요건을 만족시키지 못하는 이유를 '거절 이유'라고 한다. 그럼 산업상 이용 가능성이나 신규성, 진보성만 만족하면 특허로 등록 받을 수 있을까? 아니다. 앞서 언급했듯이, 특허는 그 발명을 쉽게 실시할 수 있도록 명확하고 상세하게 적는 것이 우선이다. 이해할 수 없게 되어 있다는 것도 거절 이유에 해당한다. 거절 이유는 이 밖에 절차상의 하자도 포함되지만 이건 너무 광범위하므로 여기서는 다루지 않겠다.

발명 아이디어가 특허를 받기 위한 요건

전제 : 발명 아이디어가 특허 명세서에 명확하고 상세하게 적혀 있을 것
특허요건 1 : 산업상 이용 가능할 것
특허요건 2 : 신규성을 가질 것
특허요건 3 : 진보성을 가질 것

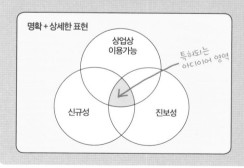

특허로 등록되는 발명 아이디어는 위 사항을 모두 만족시켜야 한다. 특허청의 심사관들은 특허 출원되는 발명 아이디어들이 위 사항에 잘 맞는지 심사숙고하여 판단한다. 그럼 위 사항을 만족시키지 못하는 것들은 어떻게 될까? 대중에게 공개되어 자유롭게 이용해도 되는 공개 지식으로 남는다. 우리가 관심을 가져야 할 대상인 것이다.

그럼, 심사는 한 번에 끝날까? 어렵게 발명한 사람 입장에서는 특허요건을 만족하지 못했다고 단칼에 무 베어 버리듯 한번에 거절당하는 건 너무 가혹한 처사다. 그래서 특허 결정이 거절되기까지 특허 출원인에게는 의사 표현을 할 수 있는 기회가 두 번 주어진다.

심사 과정 중 특허 거절 이유가 발견되면 심사관은 거절 이유를 적은 의견제출통지서를 특허 출원인에게 보낸다. 그러면 특허 출원인은 심사관이 통보한 거절 이유에 대한 자신의 의견서를 보낼 수 있다. 첫 번째 기회이다. 이때 심사관의 논리를 반박하거나 피해갈 수 있도록 특허 명세서를 수정할 수 있다. 이렇게 하면 심사관에게 특허 출원인의 의견서, 수정된 특허 명세서가 전달되고 재심사가 이루어진다.

그럼에도 불구하고 여전히 특허 요건을 충족시키지 못했다면 심사관은 거절결정서를 보낸다. 거절결정서를 받으면 30일 이내에 보정서를 보내 재심사를 청구할 수 있다. 두 번째 기회이다. 재심사를 거쳐도 특허 요건에 부합되지 않는다고 판단되면 심사관은 최종적으로 거절 결정을 해버린다.

출원된 특허를 거절시킬 이유가 없다면 그 특허는 등록된다. 이제 소정의 등록료를 납부하면 끝이다.

아이디어에서 특허로의 변신 과정

1. 발명 아이디어를 글로 적는다.
2. 특허 요건(산업상 이용 가능성, 신규성, 진보성)에 부합하는지 확인한다.
3. 글로 적은 아이디어를 청구범위와 발명의 설명이 담긴 명세서로 표현한다.
4. 소정의 출원료를 납부하고 특허 출원한다.
5. 심사 청구료를 납부하고 심사 청구한다.
6. 심사관으로부터 의견제출통지서를 받으면 의견서와 보정서를 보낸다.
7. 특허가 등록 또는 거절된다.

특허로 등록된다고 끝이 아니다!

발명 아이디어는 특허가 되기 위해 특허 명세서라는 문서로 둔

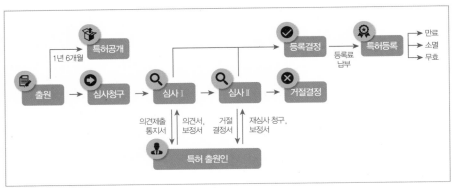

특허 출원에서 등록까지

갑하고 심사 과정을 거친다. 특허 명세서는 다른 사람이 이해할 수 있도록 명확하게 쓰여져야 한다. 심사 과정에서 발명 아이디어가 산업상 이용 가능하며 신규성, 진보성이 있다고 판단되면 드디어 특허로 등록될 수 있다. 그럼 그 후에는 무엇을 할까?

특허로 등록되면 특허에 대한 권리, 즉 발명에 대한 독점권이 생긴다. 독점권에는 유효기간이 있다. 특허 출원인 입장에서야 독점권을 대대손손 누릴 수 있다면 좋겠지만, 아쉽게도 현실은 그렇지 않다.

앞서 특허 제도의 본질은 발명을 이용해 세상을 이롭게 만드는 것이라 했다. 그래서 독점권을 주는 것이다. 그러나 만약 독점권이 영원히 지속된다면 한 사람은 이익을 보겠지만 다른 사람들

特허권의 유지 기간

은 그 발명을 이용할 수 없게 된다. 특허의 본질에 어긋나는 것이다. 따라서 독점권은 세상을 이롭게 하기 위해 일정 기간이 지나면 소멸된다. 소멸된 특허는 누구나 어떤 목적으로든 이용할 수 있다.

그렇다면 등록된 특허의 유지 기간은 얼마일까? 특허권의 지속 기간은 출원한 날로부터 20년까지다. 만약 출원하고 등록될 때까지 5년이 걸렸다면 남은 15년 동안 특허권을 행사할 수 있다. 출원하고 등록까지 3년이 걸렸다면 17년간 독점할 수 있다. 특허권을 오래 누리고 싶다면 심사 청구를 빨리 하는 것이 유리하다. 심사가 빨리 종료될수록 특허권을 유지할 수 있는 기간이 길어지니 말이다. 우리나라는 전 세계에서 특허 심사 처리 기간이 가장 빠른 나라다. 심사 청구를 낸 후 보통 1년 ~ 1년반 안에 심사에 착수하게 된다. 특허 출원과 동시에 심사 청구를 하고 별

1~3년	4~6년	7~9년	10~12년	13~20년
매년 1만5천원 + 1항당 1만3천원	매년 4만원 + 1항당 2만2천원	매년 10만원 + 1항당 3만8천원	매년 24만원 + 1항당 5만5천원	매년 36만원 + 1항당 5만5천원

특허 등록료는 기본료와 청구항 금액으로 구성됨

무리 없이 곧바로 특허 등록이 된다면 18년 정도 특허권 유지도 가능하다. 좀 더 길게 특허권을 유지하고 싶다면, 우선심사 제도를 이용하면 된다. 우선심사 제도를 이용하면 몇 개월 안에 특허 받는 것도 가능한데, 이 경우 거의 20년간 특허권을 유지할 수도 있다.

다만, 특허권을 유지하려면 등록료를 계속 납부해야 한다. 한 번 특허 등록 결정을 받았다고 20년이 자동으로 보장된다는 말이 아니다. 특허를 만인이 이용하게 한다는 특허 제도의 본질을 생각해 보자. 어떻게든 특허권의 유지 기간을 줄여야 그 특허를 모든 사람들이 어떤 목적에서든 사용할 수 있다. 그래서 특허권을 지속시켜 주는 조건은 좀 불편하게 되어 있다.

특허 출원인은 특허가 등록된다는 결정을 받으면 우선 등록료를 납부해야 한다. 첫 등록료는 한번에 3년치를 내야 한다. 그러니까 등록되면 3년간은 특허권을 유지할 수 있다. 만약 등록 결정을 받고도 등록료를 내지 않으면 특허권은 사라진다.

3년이 지나면 그때부터는 매년 등록료를 납부해야 한다. 납부 날짜에 내지 못하면 특허권이 사라진다. 물론 단칼에 베어 버리듯 특허권이 싹 사라지는 건 아니다. 6개월의 추가 납부 기간이 있어 그 안에 가산료와 함께 납부하면 된다. 추가 납부 기간에도 등록료를 납부하지 못하면 특허권은 소멸된다. 소멸된 후에도 3개월 이내에 특허료의 2배를 내면 특허권의 회복을 신청할 수는 있다. 하지만 특허권이 회복되어도 소멸된 후 회복될 때까지의 기간은 특허권의 공백 상태이므로 그 기간 동안은 누구든 그 특허를 이용할 수 있다.

그럼 매년 날짜를 정확히 기억해서 등록료를 납부하기만 하면 특허권이 20년 동안 유지될까? 이론상으로는 그렇다. 매년 등록료를 납부할 수 있다면 특허권이 유지되는 건 당연하다. 그럼 현실은 어떨까?

특허 등록료는 유지 기간이 길어질수록 비싸진다. 자금 여력이 풍부한 기업이면 몰라도, 주머니 사정이 팍팍한 개인에게 특허 등록료를 계속 낸다는 건 쉬운 일이 아니다. 그래서 개인 출원인들의 특허는 등록 후 3년만 유지되고 소멸되는 경우가 정말 많다. 10년 넘게 유지되는 특허가 전체의 절반에도 못 미친다는 연구 결과도 있다. 소멸되는 순간 누구나 자유롭게 사용할 수 있으니 우리는 이런 특허에 관심을 가져야 한다.

그렇다면 주머니 사정이 넉넉하기만 하면 계속 특허를 유지시킬 수 있을까? 아니다. 특허를 가진 사람들이 가장 접하고 싶지 않은 단어가 있는데, 바로 '무효'다. 특허로 등록되어도 등록 사유에 하자가 발견되면 특허 등록을 '무효'시킬 수 있다. 해당 특허에 이해관계가 있는 사람이라면 누구나 할 수 있다. 정확히 말하면, 무효 심판이라는 특허 소송을 제기할 수 있다. 이해관계가 있다는 말은 그 특허 때문에 자신이 하는 일이 방해받는 상황을 말한다.

예를 들어, 홍길동이라는 사람이 돋보기가 달린 손톱깎이를 중국을 오가는 보따리상에게 구매한 후 인터넷 오픈마켓에서 판다고 가정해 보자. 돋보기 손톱깎이에 대한 특허를 가지고 있던 임꺽정은 인터넷에서 중국산 돋보기 손톱깎이가 버젓이 판매되는 걸 발견했다. 그래서 임꺽정은 홍길동이 자신의 특허를 침해했다고 특허 침해 소송을 제기했다. 이때 홍길동은 임꺽정의 특허에 이해관계가 생기게 된다.

그럼 홍길동은 어떻게 할 수 있을까? 가장 쉽게 떠올릴 수 있는 방법은 두 가지다. 하나는 특허 심판원에 권리범위 확인심판을 할 수 있다. 임꺽정의 특허가 갖고 있는 권리의 범위가 중국산 돈보기 손톱깎이와는 무관함을 특허 심판원을 통해 확인하는 것이다. 또 다른 방법은 임꺽정의 특허를 무효화할 수 있는지 찾아보는 것이다. 만약 임꺽정의 특허를 무효화할 만한 증거 자료를 찾으면 특허 무효 심판을 제기할 수 있다.

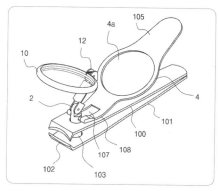

특허 무효 심판에서 무효 결정이 나면 특허권은 사라진다. 임꺽정의 특허가 무효가 되면 홍길동은 이제 중국산 돈보기 손톱깎이를 마음껏 팔 수 있다. 홍길동 외에 다른 사람도 임꺽정의 특허 걱정 없이 홍길동과 같은 물건을 판매할 수 있다. 특허권이 사라지면 누구나 그 특허 기술을 사용할 수 있기 때문이다. 이렇게 무효된 특허도 우리가 관심을 가져야 할 대상이다.

엄쿠 낱말 퍼즐 + 퀴즈

1 ㄱ				ㄴ			
	2		ㄷ			ㄹ	
						3 ㅁ	
ㅂ	4						
						ㅅ	
5 ㅇ			6				
	7 ㅈ				8	ㅊ

가로 낱말

1. 격식을 갖추지 않고 어머니를 부르는 말
2. 남자의 나이 어린 여자 형제
3. 얼굴을 감추기 위한 탈
4. 특허 출원하면 부여받는 번호
5. 목적하는 바를 이룸
6. 특허 받기 위해 특허 ㅇㅇ를 받는다.
7. 여러 가지 음식을 맛보는 것을 즐거움으로 삼는 일
8. 오랫동안 깊이 생각하는 일

세로 낱말

ㄱ. 아내를 허물없이 이르는 말
ㄴ. 제사 지낼 때에 제물로 바치는 소
ㄷ. 원자번호는 같으나 질량수가 다른 원소
ㄹ. 문학, 사진, 그림 등의 예술품을 창작하는 사람
ㅁ. 특정한 일을 할 수 있는 자격을 관청이 허가하는 일
ㅂ. 특허 요건 중 하나. 이전에 없던 새로운 성질
ㅅ. 최씨 성의 사장
ㅇ. 계산의 법칙 등을 문자와 기호로 나타낸 식
ㅈ. 일정한 지역의 정치, 경제, 문화의 중심이 되는 사람이 많이 사는 지역
ㅊ. 식용하는 동물의 살

붉은 네모 안의 글자를 모으면?

특허로 돈을 버는 가장 직관적인 방법은 앞에서 살펴본 바와 같이 특허로 만든 물건을 직접 판매하는 것이다. 특허로 부자가 된 엄마들이 대표적인 경우다.

그런데 말이 쉽지, 사실 뜬구름 잡는 이야기일 수 있다. 아이디어를 생각해 내는 것과 이를 사업화시키는 것은, 한마디로 땅 위에서 숨 쉬고 살던 사람에게 물 속에 들어가 아가미로 숨을 쉬라는 것과 같다.

앞에서 소개한 사례들도 모두 힘난한 과정을 거쳐 사업화에 성공한 케이스다. 한경희 대표는 스팀청소기 개발을 위해 4년간 약 10억 원을 쏟아부었고, 이길순 대표는 집담보로 사업을 시작해 제품 출시 후 수중에 5억 원이 생겼지만 각종 대금 결제로 30분만에 사라졌다고 한다. 돈을 떠나 강한 정신력이 요구되는 순간이다. 그러려면 물러서지 않는 도전 정신과 가족들의 지지도 필요하다. 최은아 대표는 정제되지 않은 간장을 자기 몸에 직접 주사하는 모험을 감행했다. 그만큼 목숨을 건 열정도 뒷받침되어야 한다.

이처럼 사업화란 성공하면 엄청난 부가 따르지만 실패하면 다시는 일어서지 못할 수도 있는 위험한 도박이다.

그렇다면 좀 더 안전한 방법은 없을까?

특허 이전

특허를 다른 사람에게 넘길 수 있다. 방법은 여러 가지다. 전부 넘기기(매각), 일부만 넘기기(지분 매각), 소유권은 유지하면서 사용료 받기(특허 라이센싱). 이렇게 특허를 넘기면 사업에 대한 위험을 피하면서도 돈을 벌 수 있다. 자신이 가진 독특한 아이디어가 기업의 수요와 잘 맞아떨어지면 대박을 기대할 수도 있다. 발명은 좋아하지만 사업에는 소질이 없다면 특허를 넘기는 방법이 금상첨화일 것이다.

황성재 퓨처플레이 CCO는 개인이 특허를 넘겨 부자가 된 대표적 사례다. 황성재 CCO 는 고교시절 공부에는 별 관심이 없었다고 한 다. (인터넷에는 양, 가로 채워진 그의 성적표가 돌아 다닌다.) 대신 발명에 관심이 많아 발명 대회 수 상 경력을 바탕으로 광운대학교에 발명특기 자로 입학했다. 이후 카이스트 대학원에 진 학하면서 자신의 아이디어를 특허 출원하여 5억 원에 국내 기업으로 기술 이전하였다. 대학원생이 특허 하나 로 5억 원을 번 것이다. 황성재 CCO는 석박사과정 4년 반 동안 130여 건의 국내외 특허를 출원하고 9건의 기술 이전으로 8억 원 정도의 로열티를 받은 것으로 알려져 있다.

어떻게 해야 나의 특허를 다른 사람 또는 기업에게 넘길 수 있 을까? 대단히 뛰어나고 꼭 필요한 특허라면 가만히 앉아 있어도 먼저 연락이 오겠지만, 절대다수에게 가만히 앉아 횡재를 바라 는 것은 감나무 밑에 누워서 감이 입으로 떨어지기를 바라는 것 과 같다. 앞서 소개한 황성재 CCO도 발명 공모전을 이용해 자 신의 특허를 세상에 알렸다. 공모전이 아니라면 기술거래기관을 이용할 수도 있다. 대표적인 곳으로는 특허청에서 운영하는 IP-

朝鮮日報 2010년 10월 20일 33면 (인물)

아이디어 하나로 5억원 번 대학원생

KAIST 박사과정 황성재씨
스마트폰 '가상 손가락' 기술

대학원생이 아이디어 하나로 5억 원을 벌었다. KAIST 문화기술대학 원 박사과정에 있는 황성재(28·사진) 씨다. 터치스크린을 간편하게 작동하 는 '가상 손가락(virtual thumb)' 기술을 개발해 휴대폰업체인 ㈜비트 본닉스에 5억원을 받고 넘겼다.

스마트폰에서 화면을 확대하려면 두 손가락을 대고 벌리면 된다. 축소 하려면 떨어진 손가락 두 개를 모으 면 된다. 이런 확대·축소 기능은 스 마트폰의 장점이다. 하지만 반드시 두 개의 손가락이 필요하고 보고 싶 은 곳을 정확히 찾아내지 못해 화면 상에서 다시 옮겨가야 하는 문제점도 있다. 황씨는 이를 '가상 손가락'으 로 해소했다. 손가락 하나를 화면에

대면 가상 손가락이 등장해 확대·축 소 기능을 수행하고 보려는 곳을 정 확하게 띄워 준다.

황씨에게 발명은 인생 자체를 바꿔 준 계기가 됐다. 그는 "공부는 늘 거 의 꼴찌였는데 고2 때 발명공모전에 입상하면서 자신감을 갖게 됐다"고 했다. 이후 광운대에 발명 특기자로 뽑혀 입학했다.

조효진 기자 superstory@chosun.com

황성재 퓨처플레이 CCO
관련 기사

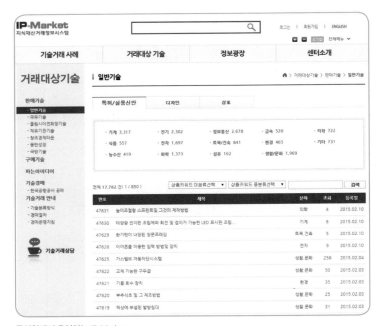

특허청에서 운영하는 IP-Market

Market이 있다. IP-Market은 특허와 같은 지식재산권을 거래하는 서비스로, 특허를 등록해 놓고 설명을 달아 판매까지 할 수 있도록 되어 있다. 반대로 필요한 기술을 검색해 구매할 수도 있다. 특허청 외에도 기술보증기금이나 중소기업청에서도 기술거래기관을 운영하고 있으며 민간 기업에서 운영하는 기술거래기관도 있다.

또 다른 방법은 특허관리회사에 특허를 매각하거나 대여해 주는 것이다. 몇 년 전만 하더라도 특허관리회사는 특허 괴물이라 불리며 부정적인 시각이 우세했다. 하지만 이제는 기업들도 필요한 기술을 외부에서 빠르게 도입하는 방향으로 바뀌는 추세다. 이를 오픈이노베이션이라고 하는데 무엇보다 시장 변화에 빠르게 대응할 수 있다는 장점이 있다.

이러한 움직임에 발맞춰 특허관리회사의 역할도 점차 커지고 있다. 기업에게 필요한 기술 특허는 빠르게 제공하고 소송의 위험은 줄여 주기 때문이다. 개인 발명가나 중소기업에게는 특허를 매입하여 적절한 대가를 제공하고, 특허 소송에 있어서는 협력자가 되어 준다는 점에서 긍정적인 역할이 크다.

국내 특허관리회사로는 아이피큐브파트너스와 인텔렉추얼 디스커버리 등이 있다. 아쉬운 점은 이들 회사가 생긴 지 얼마 되지 않아 자본력이 약하고 아직 국내 개인 발명자들의 특허보다는 기업의 특허를 주로 매입하고 있다는 것이다. 만약 영어에 자신이 있다면, 해외 특허관리

인텔렉추얼 벤처스의
Sell your patents 페이지

회사의 문을 두드려 보자. 많이 알려진 곳으로는 인텔렉추얼 벤처스라는 곳이 있다. 대표적인 해외 특허 괴물로 알려져 있지만, 특허 매매뿐만 아니라 개인 발명자들에게 연구 공간을 제공하기도 하고 합작 회사 설립을 도와주기도 한다.

새로운 대안 IP펀드

특허로 돈 버는 또 다른 방법으로 펀드 투자하듯 지식재산펀드(이를 IP 펀드라고 함)에 투자해서 돈을 벌 수 있다. IP 펀드는 국내에선 아직 생소한 금융 상품이다. 하지만 향후 크게 성장할 것으로 예상되는 금융 상품이다.

IP 펀드란 무엇일까?

특허는 지식재산권 중 하나다. 지식재산이란 눈에는 보이지 않지만 분명 자산으로써의 가치가 있는 무형자산이다. 주식 투자를 해보신 분이라면 알겠지만, 기업의 재무재표를 보면 무형자산이라는 것이 있는데 여기에 들어가는 자산이 바로 특허와 같은 지식재산이다. 즉, 특허는 돈으로 환산할 수 있는 가치가 있다.

돈으로 환산할 수 있는 것들의 특징을 보면 가치가 고정되지 않는다는 공통점이 있다. 돈으로 환산할 수 있는 것들을 생각해 보면 그 사실을 금방 알 수 있다. 새로운 물건과 중고 물품 값은 항상 달라진다. 물가는 늘 변하고 달러화, 엔화와 같은 화폐의 가치도 매일 변한다. 주식과 부동산의 값어치도 유동적이다. 원자재와 원유, 금 시세도 매일 바뀐다.

가치가 바뀌면 사람들은 그걸 이용해 투자를 한다. IP 펀드도 미래에 가치가 올라갈 것을 기대해 특허와 같은 지식재산권을 사들이고 수익을 내는 것이 목적이다. 그러나 특허 한 건으로는 수익을 내기가 힘들다. 관련된 여러 특허를 함께 보유하고 있어야 시너지 효과가 나면서 수익을 기대할 수 있다. 이때 개인이 다수의 특허를 단독으로 사들이기는 부담이 되니 여러 사람들이 모여 투자하는 것이 IP 펀드이다.

특허 선진국이라 불리는 미국에서는 IP투자가 활성화되어 있다. 국내에서도 앞서 소개한 인텔렉추얼 디스커버리에서 출자한 아이디어브릿지 자산운용사가 출범했다. 아이디어브릿지 자산운용사에서는 2012년 '아이디어브릿지 오퍼튜니티 사모특별자산투자신탁'을 출시했다. 특허청에서도 2014년에 200억 규모의 직접 투자 펀드를 조성한다고 한다.

그런데 IP 펀드는 국내의 시중 금융권에서는 아직 찾아보기 힘들다. 개인이 직접 투자할 만한 펀드 상품이 나오지는 않았다는 말이다. 하지만 정부에서 IP를 담보로 기업에게 자금을 지원해 주는 제도를 시작으로 IP를 활용한 금융을 활성화시키려 노력하고 있다. 시중 금융 기관들도 향후 IP 금융의 가능성을 기대해 관련 부분을 확충하고 있다. 주식과 부동산 같은 전통적인 투자처의 수익률이 낮아지고 있는 요즘의 대안으로 눈여겨봐야 할 부분이다.

특허는 권리다. 발명 아이디어가 특허 등록되면 특허를 출원한 사람에게는 독점권이라는 권리가 생긴다. 이 권리는 국가에서 보장해 준다. 누군가 그 권리를 침해하면 특허법 위반이 되고 그에 따라 손해배상을 받을 수 있다. 또 권리를 침해한 사람은 7년 이하의 징역이나 1억 원 이하의 벌금형에 처해질 수 있다. 이처럼 특허권은 무서운 권리다. 엄특 작가가 업으로서 이용하면 안 된다고 강조했던 이유다.

하지만 특허권에는 분명 한계도 존재한다. 그 한계를 잘 이용하면, 우리의 삶이 윤택해지는 데 도움이 된다. 앞서 특허 제도의 본질은 특허를 통해 발명 아이디어가 널리 사용되도록 하는 것이라고 했다. 그래서 애국하는 마음으로 특허를 이용하라고도 했다. 그러기 위하여 특허권의 한계를 잘 파악하고 그 틈새를 비집고 들어가 보자.

권리의 빈틈

우리는 하나의 발명 아이디어가 특허로 등록되는 과정을 살펴보았다. 그 과정 속에서 특허 권리의 틈새를 엿볼 수 있었다. 우리가 관심을 가져야 할 특허라고 이야기했던 부분 말이다. 이런 특허들은 누구든지 이용할 수 있다. 이 부분을 특허법 제42조에 나와 있는 말처럼 '명확하고 간결하게' 살펴보자.

특허 권리의 빈틈 4가지

1. 특허 명세서를 잘못 기재한 발명 아이디어
2. 심사청구를 하지 않은 특허 출원
3. 특허 요건을 갖추지 못한 발명
4. 권리가 사라진 특허

1. 특허 명세서를 잘못 기재한 발명 아이디어

우리는 특허 명세서를 잘못 기재하여 특허권을 획득하지 못한 아이디어를 이용할 수 있다. 특허를 출원하려면 발명 아이디어를 글로 적어야 한다고 했다. 특허 명세서를 써야 한다는 말이다. 그런데 특허 명세서를 쓰는 데 익숙하지 않은 개인 출원인들은 쓰면서 많은 실수를 저지르곤 한다. 그런 실수는 특허 심사관 손에 들어가 자격 미달 판정으로 이어진다. 특허법 제42조에 따른 요건을 충족하지 못했다는 말과 함께.

이런 특허는 읽어 보면 앞뒤가 맞지 않는 부분들이 있긴 하지만 전혀 이해할 수 없는 수준은 아니다. 하지만 '아' 다르고 '어' 다르듯 특허 명세서에 담기는 단어는 하나하나가 매우 명확해야 한다. 특허권은 국가가 보장하는 독점권이기 때문이다. 해석하기에 따라 의미가 달라진다면 선의의 피해자가 생길 수 있다. 이를 막기 위해 특허 명세서는 꼼꼼하게 쓰여져야 한다. 심사 과정에서도 특허 명세서의 내용은 꼼꼼하게 체크된다. 이 꼼꼼한 그물망을 통과하지 못한 발명 아이디어들은, 그러나 우리에겐 더할 나위 없는 선물이다.

2. 심사청구를 하지 않은 특허 출원

특허를 받으려면 심사를 거쳐야 한다. 심사는 특허 출원하고 가만히 기다린다고 이루어지는 것이 아니다. 특허청에 특허 심사를 받겠다는 의사표시를 해야 한다. 돈을 내고 심사청구를 신청해야 한다는 말이다.

심사청구는 출원한 후 5년 이내에 해야 한다. 5년이 지나면 특허청에서는 출원인이 특허 받는 것을 포기한 것으로 간주한다. 이를 '취하'한다고 하는데 이렇게 되면 더 이상 심사가 진행되지 않고 공개된 기술로 남아 버린다. 이런 특허는 누구나 이용할 수 있다. 다만, 심사청구 하지 않은 특허와 동일한 특허가 앞서 등록되어 있을 수 있다는 점에 유의해야 한다. 사용 전 특허 검색은 필수다.

3. 특허 요건을 갖추지 못한 발명

특허 요건에는 산업상 이용 가능성, 신규성, 진보성이 있다. 특허 요건을 모두 충족하지 못한 발명은 특허로 등록되지 못하고 공개된 기술로 남아 버린다. 그럼 이런 발명 아이디어는 모두 이용할 수 있는 것일까?

산업상 이용 가능성이 없는 발명은 애초에 특허가 될 수 없는 발명이다. 이런 발명은 누구나 아무 거리낌 없이 이용할 수 있다. 하지만 산업상 이용 가능성이 없는 건 매우 한정적이며, 특허로 출원되는 경우도 거의 없다. 아마 이용하고 싶어도 할 수가 없을 것이다.

신규성이 없는 경우는 어떨까? 신규성이 없는 발명 아이디어는 이용하려고 할 때 주의가 요구된다. 왜냐하면 신규성이 없다는 근거로 쓰이는 문헌이 특허권이 유지되고 있는 등록 특허일 수 있기 때문이다. 근거로 사용된 문헌과 똑같기 때문에 신규성이 없다는 판정을 받은 것이다. 그러니 확인 과정 없이 사용하게 되면 근거 자료로 쓰인 특허를 침해할 가능성이 있다. 신규성이 없어 특허 받지 못한 발명 아이디어는 그 근거를 꼭 확인하자.

그럼 진보성이 없는 경우는 어떨까? 진보성이 없는 발명 아이디어는 사용할 수 있다. 다만, 진보성이 없다고 판단한 부분만을 사용할 경우는 주의가 필요하다. 진보성은 전체 발명을 둘 혹은 셋으로 나누어 특허 요건을 판단하는 것이다. A + B + C로 구성된 발명이 A + B와 B + C로 구성된 특허들을 이용하여 진보성이 없다는 판단을 받은 경우를 보자. 만약 A + B + C의 발명을 그대로 활용한다면 특허 침해가 일어날 가능성은 낮다. (예외적으로 각 구성 요소들의 관계에 따라 특허 침해가 성립될 수도 있다.) 하지만 A + B나 B + C 부분만을 이용한다면 기존에 있는 특허들을 이용하는 셈이 된다. 그 특허들의 권리가 사라졌다면 문제가 없겠지만 그렇지 않다면 특허 침해가 성립될 가능성이 있기 때문에 주의해야 한다는 말이다. 가장 좋은 것은 A + C로 된 것을 이용하는 것이다.

신규성이나 진보성으로 특허 받지 못한 것들은 어떻게 확인할

수 있을까? 키프리스 검색에서 확인할 수 있다. 키프리스 검색
결과를 보면 통합행정정보라는 게 있다. 여기를 열어 보자.

번호	서류명	접수/발송일자	처리상태	접수/발송번호
1	[특허출원]특허출원서 ([Patent Application] Patent Application)	2013.05.24	수리 (Accepted)	112013045798618
2	[우선심사신청]심사청구(우선심사신청)서 ([Request for Preferential Examination] Request for Examination (Request for Preferential Examination))	2013.05.28	수리 (Accepted)	112013047463608
3	선행기술조사의뢰서 (Request for Prior Art Search)	2013.06.17	수리 (Accepted)	919999999999999
4	선행기술조사보고서 (Report of Prior Art Search)	2013.07.03	수리 (Accepted)	912013005050939
5	의견제출통지서 원문보기 ⓓ (Notification of reason for refusal)	2013.08.07	발송처리완료 (Completion of Transmission)	952013054562259
6	[거절이유 등 통지에 따른 의견(답변, 소명)서 ([Opinion according to the Notification of Reasons for Refusal] Written Opinion(Written Reply, Written Substantiation))	2013.10.07	수리 (Accepted)	112013090753002
7	[명세서등 보정]보정서 ([Amendment to Description, etc.] Amendment)	2013.10.07	보정승인간주 (Regarded as an acceptance of amendment)	112013090753147
8	[출원서등 보정]보정서 ([Amendment to Patent Application, etc.] Amendment)	2013.10.10	수리 (Accepted)	112013091301631

키프리스 통합행정정보 화면

　여기에서 심사관이 심사 과정에서 출원인에게 보낸 의견제출
통지서를 확인할 수 있다. 의견제출통지서를 보면 특허법 몇 조
몇 항에 의거해 특허 받을 수 없다는 내용이 나온다. 그게 29조 1
항이면 신규성이 없는 경우이고, 29조 2항이면 진보성이 없는 경
우이다. 그리고 그 근거로 특허 문헌 번호가 기재되어 있다. 키
프리스에서 확인이 안 되는 경우는 특허청 특허로(www.patent.
go.kr)에서 확인 가능하다. 다만, 특허로의 사이트를 이용하려면

출원인 코드를 부여 받아야 한다. 출원인 코드 부여 받기는 특정 사이트 회원으로 가입하는 것과 비슷하다.

4. 권리가 사라진 특허

특허 요건을 따져 발명 아이디어를 이용하는 경우는 조금 복잡한 면이 있다. 마음 편하게 특허를 이용하고 싶은데 쉽지 않다는 느낌이 드는가? 그렇다면 권리가 사라진 특허에 주목해야 한다. 이런 특허들은 정말 마음 편하게 이용할 수 있다.

권리가 사라진 특허는 국가로부터 인정받은 기술을 마음껏 사용할 기회다. 특허권이 있었다는 건 특허 심사과정을 거쳐 신규성과 진보성이 확인된 기술이란 말이다. 그런데 권리가 없다. 특허를 활용해야 하는 사람들에게 이보다 더 좋은 선물이 있을까.

어떤 경우에 특허의 권리가 사라질까? 크게 세 가지가 있다. 소멸, 포기, 무효.

먼저 소멸되는 특허들은 어떤 것일까? 특허권이 지속되는 기간은 특허를 출원한 날로부터 20년이라고 했다. 예외적으로 연장등록제도를 통해, 의약품이나 농약 등과 같이 실제 사업이 이루어질 때까지 오랜 시간이 걸리는 기술 분야는 5년간 특허권을 더 연장할 수도 있다. 그 기간이 모두 지나면? 특허권이 만료되어 누구나 이용할 수 있는 공개된 기술이 된다. 이때 특허가 소멸되었다고 한다.

그런데 20년 혹은 25년까지 특허권을 누리려면 특허청에 매년 특허 등록료를 납부해야 한다. 납부하지 않으면 그 특허권은 사라져 버린다. 이때도 특허가 소멸되었다고 한다. 그러니까 특허권의 지속 기간이 끝나거나 특허 등록료를 납부하지 않아 특허권이 사라지는 것이 소멸이다.

포기는 특허 등록 결정을 받은 출원인이 등록을 포기하는 경우다. (왜 포기하냐고? 글쎄, 말 못할 사정이야 누구든 있을 테니 그 사정은 모른 척 덮어두자.) 포기는 특허 등록 결정을 받은 후 등록료를 내야 하는데 이를 내지 않는 경우가 대부분이다.

앞서 2, 3번의 경우는 안전하게 이용 가능한지 여부를 따져 보기 위해 특허 검색을 하고 확인을 거쳐야 하는 과정이 필요했지만, 소멸된 특허는 그런 과정을 거치지 않아도 된다. 특허 침해의 위험 없이 안전하게 이용할 수 있다는 말이다.

이런 특허는 어떻게 찾을 수 있을까?

키프리스 스마트 검색창을 열어 보면 행정처분이라는 항목이 있다. 여기서 소멸, 포기를 체크하고 검색하면 업으로서 이용해

키프리스 스마트 검색창

도 안전한 특허를 찾을 수 있다.

무효는 뭘까? 특허권이 사라지는 것은 똑같다. 하지만 무효는 다른 사람이 무효 심판을 통해 강제로 특허권을 지워 버리는 경우다.

무효가 되는 이유는 크게 두 가지로 나눌 수 있다. 하나는 특허가 등록될 때까지의 절차상의 하자를 발견하는 경우이고, 다른 하나는 신규성이나 진보성을 부정할 수 있는 공개된 근거 자료를 찾아서 제시하는 경우이다. 이미 특허 심사관에 의해 신규성이나 진보성이 인정되었는데 이를 다시 부정할 수 있을까? 심사관도 사람인지라 본의 아니게 놓치는 자료가 있기 마련이다. 특히 무효 심판을 제기하는 사람은 해당 특허 때문에 자신의 사업에 영향을 받는 사람이다. 사업이 달린 문제이기 때문에 기를 쓰고 무효 시킬 수 있는 자료를 찾게 되니, 어딘가에서 유사한 근거 자료가 발견되는 경우가 없지 않다.

그럼 이런 의구심이 들 수도 있겠다. 앞서, 특허 요건을 갖추지 못한 발명을 이용할 경우에는 근거로 사용되는 특허를 침해할 가능성에 주의하라고 했는데, 무효가 되는 특허에서도 이런 경우가 생기지 않을까? 맞다. 이론적으로 볼 때, 무효의 근거가 되는 특허들의 권리가 살아 있다면, 그 특허들을 침해할 가능성에 주의해야 한다. 하지만 무효의 근거를 찾는 사람들이 누군지 생각해 보면, 그 가능성이 매우 낮다는 걸 짐작할 수 있다. 특허를 무효화 시키려는 사람은 그 특허를 이용하려고 하는 사람이다. 그런데 침해 가능성이 또 발생하는 특허를 근거로 내세울까? 게다가 그 특허는 등록 과정에서 신규성과 진보성을 한번 인정받았던 특허임을 감안하면 무효가 된 특허를 이용할 때 문제가 생길 가능성은 높지 않다.

지금까지 특허의 빈틈을 살펴보았다. 빈틈에 해당하는 특허는 업으로서 이용해도 된다. 새로운 무언가가 필요한 시점이라면 특허의 빈틈을 노리자.

엄특 낱말 퍼즐 + 퀴즈 정답

¹엄	¹ᵍ마			ᴸ특		
	²누	이	ᴰ동	생	ᴸ작	
	라		족		³가	ᴹ면
ᴮ신		⁴출	원	번	호	허
규			소		ˢ최	
⁵성	ᵒ공			⁶심	사	
	⁷식	ᶻ도	락		⁵장	ᶜ고
		시				기

작가와의 으리로 퀴즈 정답
을 외쳐볼까요? 아자! 아자!
......
왜요? 뭐?

울릉도 동남쪽 뱃길 따라 이백리를 가면 우리의 소중한 영토 독도가 나온다. 우리나라 동쪽 끝이다. 제주도를 지나 남쪽으로 더 내려가면 우리나라의 최남단 마라도가 나온다. 서쪽으로는? 백령도가 있다. 특허 이야기를 하는데 웬 영토 이야기냐고? 대한민국에서 얻은 특허권이 효력을 미치는 범위가 거기까지이기 때문이다. 동쪽 끝인 독도, 남쪽 끝인 마라도, 서쪽 끝인 백령도, 북쪽 끝은 다들 아실 테고……. 특허권이 살아 있는 특허는 대한민국 영토 내에서만 업으로서 이용하면 안 된다. 독도에 가서 타인의 특허권을 이용해 경제적 이득을 취하면 안 된다는 말이다.

독도에서도 특허침해는 성립한다

그럼 외국에 가면 어떨까? 업으로서 이용하는 것이 괜찮을 수
도, 아닐 수도 있다. 똑같은 특허권이 그 나라에도 있을 수 있으
니 명확하게 이야기할 수는 없다. 중요한 건 외국에서 일어난 침
해는 국내 특허법으로 처리하지 않는다는 점이다. 한 나라의 법
은 그 나라 영토 안에서만 효력을 발휘한다.

그게 부수입을 올리는 거랑 무슨 상관이냐고 반문하는 엄특 독
자님이 계실 듯하다. 잠깐 뒤집어서 생각해 보자.

일본의 특허권은 어느 나라에서만 유효할까? 일본! 미국의 특
허권은? 당연히 미국! 그런데 우리는 어디 살고 있을까? 대한민
국! 미국의 특허권과 일본의 특허권이 우리 대한민국에 효력을
미칠까? 당연히 아니다. 그렇다면 업으로서 이용할 수 있을까,
없을까? 당연히 이용할 수 있다. 우와!

단, 유의할 점이 있다. 외국의 특허와 똑같은 특허가 조약 우선권을 통해 국내에 등록될 수 있다. 그러니 이용하기 전에 꼼꼼히 검색해 봐야 한다.

그럼 해외 특허는 어떻게 검색할까? 전 세계 대부분의 특허청은 자국 특허 검색 서비스를 제공한다. 또 검색 방식도 대부분 비슷하다. 엄특 독자님들은 이미 키프리스의 특허실용신안 검색을 해봤다. 그러니 외국 특허청의 특허 검색 서비스 이용에 큰 무리는 없을 것이다.

여기서 희소식 한 가지! 키프리스에서도 해외 특허 검색이 가능하다. 검색하는 방법도 특허실용신안 검색과 비슷하다. 어떻게 하는지 한번 살펴보자.

키프리스 첫 화면 메뉴에 해외 특허가 있다. 여기로 들어가면 된다.

해외 특허 검색화면에 들어가면 상단에 어느 나라의 특허를 검색할 것인지를 정하는 국가 선택 부분이 있다. 모두 다 선택해도 상관은 없지만, 검색하고자 하는 국가를 정하고 하는 것이 더 효율적이다.

나머지는 특허실용신안 검색과 똑같다. 합집합, 교집합, 차집합의 개념을 떠올리면서 자유검색 또는 직접입력 란에 키워드를 입력해 검색식을 만들면 된다. 다만, 직접입력 란에 청구범위를 입력할 경우, 미국, 유럽, PCT만 검색이 가능하다.

유럽(EP)과 PCT는 뭘까?

해외 특허 검색화면의 국가 선택 부분에는 국가가 아닌 항목이 있다. 바로 유럽(EP)과 PCT이다. 이건 조금 복잡한 제도다. 그냥 이런 게 있구나 하고 넘어가면 된다. 하지만 궁금하다면 아래 설명을 읽어보시라.

먼저 유럽은 대륙이니 국가가 아니다. 게다가 영국(GB), 독일(DE), 프랑스(FR)가 있는데 왜 굳이 유럽(EP)이라고 별도로 해놓은 걸까? 이는 유럽 특허 제도의 특징 때문이다.

알다시피, 유럽은 유럽연합(EU)으로 묶여 있다. 유럽연합(EU)의 최종 목표는 단일 국가처럼 되는 것이다. 미국이 지방정부가 모여 하나의 국가를 이루듯 말이다. 유럽연합(EU)은 경제적, 법률적, 정치적 통합을 꾀한다. 그래서 유럽 특허 제도도 하나의 유럽특허청(EPO)으로 합쳐지고 있다. 유럽특허청(EPO)에 출원된 특허가 유럽(EP) 특허다.

물론 유럽 각 국가에서 자국의 특허청으로 개별 특허 출원하는 것도 가능하다. 그렇지만 유럽은 여러 나라가 밀집되어 있고 서로 교류도 활발하기 때문에 하나의 국가에서만 특허권을 갖는 것이 불리할 수 있다. 독일에 등록된 특허를 가지고 가까운 벨기에나 네덜란드에 가서 쉽게 이용할 수 있기 때문이다. 그래서 유럽에 특허 출원할 때는 유럽특허청(EPO)을 이용하는 게 여러모로 유리하다. 유럽특허청(EPO)에 출원하면 특허권의 효력이 발휘되는 유럽 국가들을 여러 개 지정하는 것이 가능하기 때문이다. 앞으로는 국가를 지정할 필요 없이 유럽(EP) 특허를 취득하면 유럽연합(EU) 내의 모든 국가에서 특허권의 행사가 가능하도록 바뀔 예정이라고 한다.

그럼 PCT는 뭘까? 특허는 해당 국가에서만 유효하기 때문에 국제적으로 사업을 할 경우 사업을 할 국가마다 특허를 취득해야 한다. 그런데 이게 참 어려운 일이다. 각 국가마다 특허 제도도 조금씩 다르고, 비용도 만만치 않기 때문이다. 그래서 국제 특허 조약이라는 게 생겼다. 특허 조약에 가입되어 있는 국가들끼리는 PCT 국제 출원이라는 제도를 이용해서 보다 쉽게 해당 국가에 출원할 수 있다.

국내에 특허 출원을 한 후 1년 이내에 PCT 국제 출원을 하면 예비 심사를 거친 후 특허권을 획득할 국가들을 지정해서 특허 취득이 가능하다. 이렇게 하면 국내 특허 출원일을 기준으로 해당 국가에서도 특허를 받을 수 있다. 따라서 PCT 국제 출원이 된 특허들을 검색하려면 PCT를 검색해야 한다.

또 한 가지 알아둘 점은, 한글-영어 체크란에 체크하면 한글로도 검색할 수 있다는 점이다. 매끄러운 번역은 아니지만 우리에겐 꽤 유용하다.

해외 특허 검색에서 어떻게 활용할까? 예를 한번 들어보자. 색다른 휴대폰 케이스에 대한 아이디어를 얻고 싶은데 왠지 일본에서 나오는 것들이 나중에 우리나라에서도 유행일 것 같다는 생각이 들었다. 그래서 일본에 어떤 휴대폰 케이스 특허가 있는지 알아보려고 한다.

먼저 키프리스의 해외 특허 메뉴로 이동해 국가선택 부분에 일본을 체크한다.

휴대폰 케이스를 검색하려면 검색식을 어떻게 만들어야 할까? 우선 휴대폰과 케이스가 들어가야 한다. 그런데 아무 케이스나 다 되는 건 아니다. 휴대폰에 케이스를 끼우는 목적이 뭘까? 휴대폰을 보호하거나 예쁘게 보이고 싶어서다. 그럼 이런 검색식이 될 것이다.

휴대폰 AND 케이스 AND 목적

휴대폰에 해당하는 단어는 phone, smartphone, cellphone, mobile, cellular 등이다. 케이스에 해당하는 단어는 case, cover 정도다. 케이스의 목적은? 보호와 장식이니 그와 관련된 단어들을 쓰면 된다 protect, fashionable, style, beauty, beautiful, elegant, grace, chic, gorgeous 등이 될 수 있다. 그럼 다음과 같은 검색식을 만들 수 있다. 스마트검색창을 열어 초록(AB)에 넣고 검색해 보자.

(phone+smartphone+cellphone+mobile+cellular)*(cover+case)*(protect+fashion+fashionable+style+beauty+beautiful+elegant+grace+chic+gorgeous)

좀 더 효율적으로 보려면 날짜를 넣어보자. 과거 폴더폰이나 플립폰의 케이스는 우리에게 필요없다. 그러면 최근에 나온 특허 위주로 봐야 한다. 어떻게 해야 할까? 스마트검색창에서 일자

정보의 출원일자(AD)에 날짜를 입력하면 된다. 2010년 이후 자료부터 보고 싶다면, 20100101 ~ 오늘 날짜를 입력하면 된다.

결과를 살펴보자. 일본 특허 검색의 경우 발명의 명칭이 한글로 번역되어 나온다. 그러나 특허실용신안 검색 결과와는 다르게 결과 리스트에 도면이 보이지 않아 조금 답답한 면은 있다.

그런데 이 특허와 똑같은 특허가 우리나라에도 있는지 어떻게 알 수 있을까? 유사한 특허를 일일이 검색해 보면 되지만, 좀 어렵고 번거로운 일이다. 이럴 땐 패밀리정보를 이용해보자. 특허에는 조약우선권이라는 게 있다. 한 나라에서 출원한 후 다른 나라에 똑같은 특허를 출원할 때 쓰는 제도다. 특허는 먼저 내는 게

□ Total 47 Articles (1 / 2 Pages) ‹이전 1 2 다음›

□ ● [1] 휴대 전화(portable telephone) 케이스 CELLULAR PHONE CASE 공보 ▷

IPC: A45C15/00	CPC:	출원번호: 25170702	출원일자: 2013.08.20
등록번호:	등록일자:	공개번호: 26039821	공개일자: 2014.03.06
공보번호: 26039821	공보일자: 2014.03.06	출원인: YOU CHANG SUB	▾ 열기

□ ● [2] 무조건 통화 할 수 있는 휴대 전화(portable telephone) 케이스 및 장비도구. HANDS-FREE 공보 ▷
CELLULAR PHONE CASE AND EQUIPMENT

IPC: H04M1/11	CPC:	출원번호: 22055080	출원일자: 2010.02.22
등록번호:	등록일자:	공개번호: 23172198	공개일자: 2011.09.01
공보번호: 23172198	공보일자: 2011.09.01	출원인: MACHIDA MASANOBU	▾ 열기

□ ● [3] 모바일 기기용의 보호 커버 PROTECTION COVER FOR MOBILE DEVICE 공보 ▷

IPC: H05K5/03	CPC:	출원번호: 25133453	출원일자: 2013.06.26
등록번호:	등록일자:	공개번호: 26093770	공개일자: 2014.05.19
공보번호: 26093770	공보일자: 2014.05.19	출원인: NEWVIT CO LTD	▾ 열기

□ ● [4] 휴대 정보 단말기 휴대 보유구 HOLDER FOR CARRYING MOBILE INFORMATION TERMINAL 공보 ▷

IPC: A45C11/00	CPC:	출원번호: 24176443	출원일자: 2012.07.23
등록번호:	등록일자:	공개번호: 26023141	공개일자: 2014.02.03
공보번호: 26023141	공보일자: 2014.02.03	출원인: KATSUMATA SATORU	▾ 열기

□ ● [5] 휴대 보유용대재 및 휴대 보유구 MOBILE PHONE HOLDING BAND MEMBER, AND MOBILE 공보 ▷
PHONE HOLDING TOOL

IPC: A45C11/00	CPC:	출원번호: 24030711	출원일자: 2012.02.15
등록번호:	등록일자:	공개번호: 25165823	공개일자: 2013.08.29
공보번호: 25165823	공보일자: 2013.08.29	출원인: FRONTIER TECHNOL⋯	▾ 열기

권리 확보에 유리한데 외국인의 경우 외국에 먼저 특허를 내기가
쉽지 않다. 그래서 자국에 먼저 특허를 출원하고 조약우선권 제
도를 이용하여 외국에 1년 내에 출원하면 특허 출원 날짜를 자국
에 낸 날짜로 소급 적용 받을 수 있다. 패밀리정보란 이 조약우선
권으로 된 특허들을 보여주는 것이다.

검색결과에서 내가 고른 특허다. 케이스에 밴드를 부착하여
편의성을 높이는 것인데 이게 우리나라에 출원되었는지 알아보

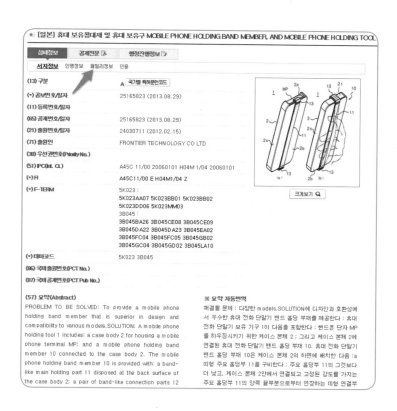

려면, 상단 메뉴에 패밀리정보를 클릭해서 보면 된다.

패밀리정보를 보면 일본에만 출원되어 있는 걸 확인할 수 있다. 이런 특허는 국내에 특허권이 없을 가능성이 크다. 비슷한 특허권이 있는지 검색해본 후 없다면 업으로서 이용할 수 있다.

만약에 다음 그림과 같이 패밀리번호가 KR로 시작되는 것이 나온다면 국내에도 특허가 있기 때문에 국내에 출원된 특허의 상태를 확인해 봐야 한다. 국내에 출원된 특허가 등록되어 있다면 당연히 업으로서 이용하면 안 된다.

순번	패밀리번호	출원일자	국가코드	국가명(Kor)	국가명(Eng)	종류
1	CN103634429	2013.08.21	CN	중국	China	A
2	JP26039821	2013.08.20	JP	일본	Japan	A
3	US20140057687	2013.08.22	US	미국	United States of America	A1
4	KR101205556	2012.08.22	KR	대한민국	Republic of Korea	B1
5	KR101278259	2012.12.11	KR	대한민국	Republic of Korea	B1
6	KR101205556	2012.08.22	KR	대한민국	Republic of Korea	B1

부록

특허검색 할 수 있는 무료 사이트

키프리스는 국내외 특허를 모두 검색할 수 있는 훌륭한 서비스다. 하지만 사용할 수 있는 도구가 많아지면 그만큼 유용한 정보도 더 많아지는 법! 키프리스 외에도 특허 검색을 할 수 있는 무료 사이트들을 살펴보자.

NDSL 특허 patent.ndsl.kr
한국과학기술정보연구원(KISTI)에서 제공하는 특허 검색 서비스 국내 특허 외에 미국, 유럽, 일본 등의 특허 검색이 가능하다.

구글특허 google.com/patents
구글에서 제공하는 특허 검색 서비스 미국 특허 위주로 검색되지만 유럽 특허와 캐나다, 중국특허도 검색 가능하다. 한글로 검색하면 한글로 출원된 PCT 특허가 검색된다.

The Lens lens.org/lens

사이트 이름이 초기 patentlens에서 이름이었는데 The Lens로 바뀌었다. 화면 디자인이 깔끔하고 상당히 많은 국가의 특허를 검색할 수 있다. 검색 결과에 통계그래프를 보여 주는 게 특징이며 메모를 할 수 있도록 구성되어 있다.

FPO freepatentsonline.com

무료로 특허 검색이 가능하다는 것을 유독 강조한 이름을 가진 사이트다. 첫화면 SEARCH에 키워드를 넣고 특허 검색을 할 수 있다. 영어로만 검색이 된다. 미국, 일본, 유럽 등의 특허를 검색할 수 있다. 검색 결과마다 곳곳에 광고가 붙는다.

SumoBrain sumobrain.com

여러가지 면에서 FPO와 상당히 유사한 사이트이다. 미국, 일본, 유럽 등의 특허를 검색할 수 있다. FPO처럼 검색결과 곳곳에 광고가 붙는다.

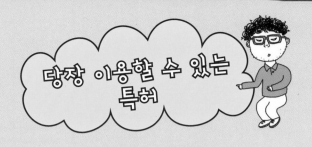

당장 이용할 수 있는 특허

엄특 독자들을 위해 실생활에 부담 없이 이용할 수 있는 특허들을 소개한다. 엄특 작가의 매우 주관적인 기준으로 골랐지만, 공통점은 있다. 바로 특허권이 없는 특허들이란 점이다. 특허권이 사라졌으니 누구나 이용할 수 있다. 물론 특허권이 사라진 특허들은 이것 외에도 수만 가지가 있다. 그걸 찾는 방법은 앞서 계속 설명했으니, 여기서는 따로 이야기하지 않겠다.

이 특허들의 자세한 내용은 검색 사이트에서 직접 찾아 보시면 된다. 아니면 엄특 작가의 블로그에도 있으니 참고하시라. 더불어 엄특 작가의 블로그에는 활용할 수 있는 특허들이 계속 업데이트 되고 있다. 관심 있게 보시길 바란다.

요리에 이용할 수 있는 특허

마늘 버터 소스 및 이의 제조방법 KR10-2005-0023891 A

올리브유에 담근 마늘을 사용하여 마늘 냄새를 저감한 마늘 버터 소스를 만드는 방법

달걀껍질을 이용한 식품제조방법 KR10-2005-0087394 A

달걀에 구멍을 내어 흰자나 노른자를 빼고 달걀 안에 밥을 넣어 먹는 색다른 요

리 방법. 달걀온밥이라고 알려진 경남 지역의 향토 음식과 유사함

토스트 소스 KR10-0576749 B1

토스트에 잼을 발라 먹을 때 잼의 단맛으로 인해 토스트 자체의 맛을 잘 느끼지
못하게 하는 단점을 보완한 토스트 소스를 만드는 방법

참치 버거 패티 및 이를 포함하는 참치버거 KR10-0716511 B1

참치를 이용하여 기존 육류 버거 패티와 유사한 맛을 내면서 저지방, 저칼로리,
저콜레스테롤을 실현

꼬투리 김밥의 제조방법 KR10-0503782 B1

사람들이 선호하는 김밥 꼬투리를 김밥 1줄당 여러 개 나오게 하는 방법

일상 생활에 이용할 수 있는 특허

임산부 취침용 쿠션 KR10-0820293 B1

임산부가 숙면할 수 있게 해주는 쿠션으로 일반인도 활용 가능. 재봉틀과 천, 솜
만 있으면 만들 수 있음

무좀 및 아토피성 피부질환 개선용 조성물, 화장수 및 음료 **KR10-0597202 B1**

목초액과 알로에액, 오이즙을 혼합하여 만드는 가려움증을 완화해 주는 조성물. 이 조성물을 화장수 같은 것으로 활용 가능

기능성 피부 세정제 제조방법 **KR10-1005657 B1**

통상의 피부 세정제에 왕겨분말, 산호분말등을 첨가하여 미백, 항균 등의 효과를 실현하는 방법

천연과일을 포함한 천연색소비누 및 그의 제조방법 **KR10-2006-0089173 A**

수제 비누를 만들 때 토마토즙액을 넣어 지루성 피부염 및 아토피를 진정시키는 비누 제조방법

느티나무 껍질을 이용한 천연 세정액 제조방법 **KR10-2008-0008056 A**

느티나무 껍질과 물만으로 만드는 천연 세정액으로 유해성분이 없음

아이들 공부에 이용할 수 있는
특허 및 실용신안

분수 도우미 **KR20-0317934 Y1**

초등학생들이 분수의 개념과 분수의 연산을 쉽게 이해할 수 있도록 도와주는

교구. 프린트하거나 종이에 원을 그려 쉽게 따라할 수 있음

접어서 가리고 학습할 수 있는 책 및 공책 KR20-0419783 Y1

종이에 접을 수 있는 선을 인쇄하여 2~4분할로 접어 학습할 수 있도록 구성한 노트. 일반 노트에도 직접 선을 그어 활용할 수 있음

학습용 퍼즐 KR20-0388185 Y1

숫자나 영어단어를 테트리스의 조각들 형태의 퍼즐에 써놓고 퍼즐을 완성하면서 학습하는 방법. 초등학생이 쓰는 바둑판 공책에 숫자나 영어단어를 쓰고 테트리스 조각 모양으로 잘라서 학습에 응용할 수 있음

시험 준비 다이어리 KR20-0362889 Y1

시험 준비에 필요한 사항들을 한번에 정리할 수 있도록 꾸며진 다이어리 속지. 도면에 나온 디자인을 프린트하거나 수첩에 직접 그려서 활용 가능

학습 계획 점검노트 KR10-2011-0091345 A

장래 희망, 학습 목표, 학교 및 집안 행사 등의 일정 기록, 학습 계획, 평가 등을 기재할 수 있도록 구성된 노트. 도면을 보고 직접 만들어서 이용할 수 있음

아빠의 삶과 엄마의 삶은 다르다. 같은 것을 놓고도 바라보는 것, 생각하는 것, 느끼는 것이 다르다. 남자와 여자가 다르기 때문에 당연히 그럴 거라는 생각도 들지만, 왜 달라야 할까 하는 생각이 들 때도 있다. 정도의 차이는 있겠지만, 아빠들은 직관적이고 옆을 볼 줄 모르는 경향이 크다. 엄마들은 옆을 돌아보고 한 박자 쉬어가는 여유가 있다. 나는 이런 엄마들의 특징이 부럽다.

특허를 이용할 때는 이런 엄마들의 특징이 참 유용하다. 저돌적으로 돌진하다가 내가 원하는 게 나오지 않으면 금방 허탈해하는 일이 없다. 지금까지 특허 검색을 함께 해보며 책을 읽으셨다면 느끼실 것이다. 내가 원하는 결과가 곧바로 짠~ 하고 나오는 경우가 드물다는 것 말이다. 이럴 때 아빠들은 금방 지친다.

하지만, 엄마들은 다르다. 특허를 살펴보면서 옆을 돌아보고, 특허를 살펴보면서 한 박자 쉬어간다. 이런 여유가 삶을 나아지게 할 수 있다.

조금 멈춰서 옆을 돌아볼 수 있는 게 특허를 이용하는 재미가 아닐까? 꼭 이루고야 말겠다는 딱딱함을 줄이고 바람에 몸을 맡기는 갈대처럼 쉬엄쉬엄 특허를 들추어보다 오~ 이런 것도 있네! 하며 보물을 발견한 느낌. 그게 특허를 이용하는 재미다.

또, 그렇게 하다가 업으로서 이용할 수 있는 특허를 찾을 수도 있다. 또는 내가 직접 아이디어를 내고 특허를 낼 수도 있다. 특허의 여러 빈틈을 이용해서 업으로서 이용할 수 있는 특허를 찾았다면, 또는 발명품을 만들고 특허를 출원하게 되었다면, 그 이후는 어떻게 될까?

그 미래는 엄특 독자인 당신에게 달렸다. 그 특허의 아이디어로 무엇을 할 수 있을까? 무한한 상상의 나래를 펴보자. 사람들은 질 좋은 무언가를 하고 싶어 한다. 하지만 양질의 무언가는 한 번에 나오지 않는다. 양이 바탕이 되어야 좋은 질이 나온다. 그러니 할 수 있는 일들의 양을 늘려보자. 열 가지 상상에서 고른 질 좋은 한 가지 아이디어보다는 100가지 상상에서 고른 한 가지 아이디어의 질이 훨씬 더 좋을 것이다. 그러니 할 수 있는 일을 마음껏 생각해 보자.

특허에서 본 색다른 음식을 어려운 분들을 위해 만들어 보는 건 어떨까? 혼자서 하기 어렵다면 커뮤니티를 꾸려 여러 명과 함께 해보는 것이다. 보람도 느끼고 사회 공헌도 할 수 있다. 특허의 빈틈에 걸려 누구나 이용할 수 있게 된 기술을 사용해 보는 건 어떨까? 작은 소품을 만들어 동네 벼룩시장에 내놓고 지가나는 분들과 재미난 이야기를 해봐도 좋을 것이다. 혹시 아는가? 그런 활동 속에서 대박의 기회를 잡을 수 있을지!

앞으로 더 좋은 날을 맞이할 엄특 독자님들을 응원한다. 더불어 엄특 독자님들께서 엄특 작가를 함께 응원해 주신다면 더없는 영광일 것이다. 우리 다 같이 함께 외쳐보자! 화이팅!

끝으로 작가와 독자의 영원한 으리를 위하여 주먹 한번 쥐어 보시라. 그리고 작가의 주먹에 한번 대 주시길~

감사하다. 이제 당신과 나는 영원한 으리를 함께하게 되었다. 으리 있게 엄특 독자의 기대에 부응하는 으리으리한 작가가 되겠다. 그래서 엄특 독자의 꿈을 으리으리하게 지지해 주겠다. 독자 여러분들도 앞으로 계속 나올 으리으리한 엄특 작가의 책을 많이 봐 주시길~

감사의 글

이 사람이 또 어디로 튈지 걱정하면서도 아무 말 없이 그저 바라봐 주었던 마눌님, 아빠가 그림 그릴 때 이거보다는 이게 좋겠다고 충고해 준 첫째 딸래미, 아빠가 시무룩할 때도 옆에 와서 장난을 걸어 주는 둘째 아들래미에게 사랑과 감사의 말을 전합니다.

늘 저희 가족을 응원해 주시는 어머니, 아버지, 장모님, 장인어른 고맙습니다.

변변치 않은 원고에 아이디어를 주시고 대박이라고 용기를 불어넣어 주신 신선숙 편집장님 너무 감사합니다.

맛있는 밥 사주시면서 처음 책 쓰는 초보 작가를 베스트셀러 작가처럼 대접해 주신 느낌이있는책 강창용 대표님 정말 감사드

립니다.

보이지 않게 책 출판을 도와주신 느낌이있는책 출판사 관계자 분들께도 감사해요~

그리고......

나의 Galaxy Note 3, VivoTab Note 8에게도 감사를 전한다.

케이스도 안 씌우고 마구 다루고 있어 온갖 기스를 품고 있지만 니들을 들고 다니지 않았으면 절대 이 책을 완성하지 못했을 거야.

너희에게 정말 고마운 마음을 갖고 있단다.

그러니 갑자기 꺼지거나 터치가 먹통 되는 상황은 이제 자제해 주면 좋겠다.

참고 문헌

남호현, 〈태양 아래 모든 것이 특허 대상이다〉, 예가

미즈키 아키코, 윤은혜 옮김, 〈퍼스트클래스 승객은 펜을 빌리지 않는다〉, 중앙북스

박정욱, 박성민, 〈발명 공식을 알면 나도 생각 천재〉, 스콜라 위즈덤하우스

엠제이 드마코, 신소영 옮김, 〈부의 추월차선〉, 토트

오병석, 〈특허가치전략 : 특허 경영 전략의 관점에서〉, 페이퍼하우스

윤상원, 〈실전으로 배우는 발명 특허〉, 한빛아카데미

이권형, 〈기발한 특허이야기 : 성공한 45인의 발명스토리〉, 이다미디어

전기억, 이원일, 김종선, 〈특허 부자들〉, 타커스

정우성, 〈세상을 뒤흔든 특허전쟁 승자는 누구인가?〉, 에이콘

정우성, 윤락근, 〈특허전쟁〉, 에이콘

트리즈 노리터, 〈트리즈로 풀어보는 민담〉, 성안당

한국여성발명협회, 〈환희〉, 휴먼앤북스

한동수, 〈특허 무한도전〉, 흐름출판

한호택, 〈트리즈, 천재들의 생각패턴을 훔치다〉, 21세기북스